梅本堯夫・大山 正 監修 **8** コンパクト新心理学ライブラリ

乳幼児の心理

コミュニケーションと自我の発達

麻生 武 著

サイエンス社

監修のことば

　心理学をこれから学ぼうという人の中には，おうおうにして先入観をもっている人が多い。それは，たいていマスコミで取り上げられることの多いカウンセリングや深層心理の問題である。心理学といえば，それだけを扱うものであるという誤解が生まれやすいのは，それらの内容が青年期の悩みに，すぐに答えてくれるように思われるからであろう。それらの臨床心理の問題も，もちろん，心理学の中で重要な問題領域であるが，心を研究する科学としての心理学が扱う問題は，もちろんそれだけではない。

　人間は環境の中で生きていくために，環境の事物をよく見たり，聞いたりしなければならないし，欲望を満足させるために行動しなければならないし，行動して得た貴重な経験は生かされなければならない。心は，考えたり，喜んだり，泣いたり，喧嘩したり，恋愛をしたりという，人間のあらゆる活動で働いている。大人の心だけではなく，子どもの心も知らなければならない。人はそれぞれ違った性格をもっているし，社会の中で生きていくためには人間関係がどのようになっているかも知らなければならない。

　心理学は実に豊富な内容をもっていて，簡単にこれだけが心理学であるというわけにはいかない。『吾輩は猫である』という作品一つで，夏目漱石とは，こういう作家であるといえないようなものである。夏目漱石を知ろうと思えば，漱石全集を読む必要がある。

　それと同じように心理学とはなにかということを理解するためには，知覚心理学も発達心理学も性格心理学も社会心理学も臨床心理学も，およそのところを把握する必要がある。

　われわれがさきに監修した「新心理学ライブラリ」は，さいわい世間で好意的に受け入れられ，多くの大学で教科書として採用していただいた。しかし近年，ますます大学で学ばなければならない科目は増加しており，心理学のみにあまり長い時間をかける余裕はなくなってきた。そこで，今回刊行する，心理学の各領域のエッセンスをコンパクトにまとめた「コンパクト新心理学ライブラリ」は現代の多忙な大学生にとって最適のシリーズであると信じる。

監修者　梅　本　堯　夫
　　　　大　山　　　正

はしがき

　本書は，幼児教育や発達心理学，コミュニケーション論などのテキストとして用いられることを念頭に執筆された。

　本テキストの特色は，第1に，自我やコミュニケーションの発達に焦点を当て，赤ん坊から就学前までの子どもたちの発達を論述した点にある。各章の内容は，無関連な事柄を網羅的に寄せ集める百科全書的な構成ではなく，章を追って子どもの発達が浮かび上がるように構成されている。本テキストが描こうとしているのは，他の動物にはみられないヒトの「共同性」がどのように生まれ，発達していくのかという道筋である。

　第2に，本書は知識の伝達のためのテキストではない。本書の願いは，テキストの中に描かれた自我発達やコミュニケーションのデータを媒介に，教師と学生とが共に考え議論していく一助となることである。トピックとして具体的なエピソードをたくさん引用したり，細かな実験手続きについても紹介したのは，このテキストを利用して大いに議論していただきたいからである。「乳幼児の心理」を学ぶことを通じて，「人」とは何か，「私」とは何かと問う面白さを味わっていただきたい。

　第3に，最近の流行のトピックである「心の理論」について，より深く考えるための材料をテキストの中に入れた。「他者の心」とは何かを議論する最低限の材料は提供できたと考えている。

　第4に，発達障害への援助にも役立つように，折にふれて，自閉症や行為障害などについても紹介した。言語・コミュニケーション障害や発達障害などの学習にも本書の視点は役立つものと考

えている。

　本書のテーマに関連する発達心理学における重要事項には極力ふれるように配慮したつもりではあるが，「運動スキルの発達」「認知発達」など，ふれられなかった話題も多い。網羅的ではなく，コミュニケーション・自我発達に焦点を絞っているのが本書の特徴である。

　本テキストではたくさんの写真や図版を利用させていただいた。それらの利用を許可して下さった研究者や出版社に厚くお礼を申し上げたい。なお，各章に描かれた絵画は，筆者の次男Yの描画である。1歳6カ月から4歳9カ月までの5枚の絵を見ていただくだけでも，幼児期の発達の大筋を理解していただけるように思う。3歳1カ月には母親の像を，3歳10カ月には自画像を，そして4歳9カ月には体験した出来事の絵を描くようになっている。いつまでも乳幼児の姿で私の研究を支えてくれている2人の息子たちにも礼を言っておきたい。最後に，私なら気の遠くなりそうな編集や校正に，惜しみなく力を注ぎこのテキストを完成にまで導いて下さったサイエンス社の清水匡太さん，小林あかねさんに感謝の意を表したい。

　　2002年5月

　　　　　　　　　　　　　　　　　　　　　　麻生　武

目　次

はしがき ……………………………………………………………… i

1章　人として生まれる　　1

解釈される存在 ……………………………………………… 2
未成熟な誕生　2／ネオテニー　2／ヒトの赤ん坊を育てる難しさ　6／さまざまな育児文化　10／スウォドリング　12／ヒトの育児の共通点　16

目が合うことの意味 ………………………………………… 18
なぜ目が合うのか？　18／「1-0」のデジタル・コミュニケーション　22／赤ん坊といつ頃から目が合うのか？　26／人の目を見つめて声を出し訴える　30／意図的に発声する　32

◆参考図書 …………………………………………………… 38

2章　ことばとしての身体　　39

指差しの不思議 ……………………………………………… 40
指差しの理解と共同注視　40／相手の視線を読む　42／「共同化された世界」の成立と指差しの理解　44／世界を分かち合う力　48／指差しの起源　50／「接触型の指差し」から「分離型の指差し」へ　52／指差しの発生　54／「手差し」と「指差し」　58

自己と他者の身体の同型性 ………………………………… 60
他者という鏡　60／チンパンジーの自己認知　62／乳児の「自己」形成　64／子ども（自己）の身体と親（他者）の身体　68／子供たちの模倣行動　70

◆参考図書 …………………………………………………… 76

3章　「いま・ここ」の世界を越え始める　　77

象徴的世界の誕生の予感 …………………………78
動作的表象としての「ふり」　78／抽象的カテゴリー的な世界へ　80／自閉症の子どもたちの「ふり」　82／想像的な遊び・ごっこ遊び　84／延滞模倣＝記号行為としての「ふり」　86

世界の二重化 …………………………………90
象徴能力　90／記号化過程と象徴化過程　94／ジョーク　94／チュコフスキーのエピソード　98／メタファー　100／メタファーの発達　102／自己と他者との新しい世界　104／他者の「ふり」　106

◆参考図書 ……………………………… 110

4章　自己と他者　　111

他者の意図を知る …………………………112
子どもの従順さ　112／子どもの反抗　114／模倣と意図理解　116／チンパンジーの意図理解　118／乳児の意図理解　120／自他の意図をめぐる駆け引き　122／自己と他者との意図調整　126

他者の心を知る …………………………128
他者の心というブラックボックス　128／言語ゲーム　130／欲望の心理学から信念の心理学へ　134／他者の味の好みを理解する　136／子どもたちの心理学　138／「心の理論」と自閉症の子どもたち　142／心の理論と障害をもつ子どもたち　144

◆参考図書 ……………………………… 150

5章　広がる想像の世界　　151

想像の世界の開花 …………………………………………152
空想の散歩　152／想像上の仲間（空想の遊び友だち）156／「想像上の仲間」の消失　158／空想と現実の間　160／箱の中に本当にオニがいる　164／ナラティヴの世界　168／エピソード記憶　170

ごっこの世界の開花 …………………………………………172
ごっこ遊びと会話　172／ふりのモードへ　174／ごっこの世界の共有　178／孤独の始まり　180／仲間関係を調整する　182／ダブルボイスの発生過程　184／真の対話が可能になるために　186

◆参考図書 ………………………………………………… 188

引 用 文 献 …………………………………………………189
人 名 索 引 …………………………………………………198
事 項 索 引 …………………………………………………201

本文イラスト／花園あやめ

人として生まれる 1

　ヒトの赤ん坊というものは，きわめて生物学的に未熟な存在である。ヒトの赤ん坊がなんとか生き延びられるのは，赤ん坊のひ弱さを周囲の大人たちが自分たちの（解釈的な）育児活動によって積極的に補うからである。ヒトは本能で育児をするわけではない。赤ん坊が「なぜ泣いているのか」，「何を欲しがっているのか」，本能は何も教えてくれない。ヒトは，自分たちの赤ん坊をうまく育てるために，高度な他者理解能力やコミュニケーション能力を身につけなければならなかったのである。

● 子どものなぐり描き
　（Y:1歳6カ月27日）

解釈される存在

未成熟な誕生　ヒトの赤ん坊は，受精して約40週後，身長約50cm，体重約3,000gの大きさで誕生する。出生時の脳容量は約385ccである。これは，成人の脳容量（平均1,350cc）の約3分の1である。この比率は，他の類人猿に比べるとかなり小さい。たとえば，チンパンジーの新生児の場合，大人の脳容量（平均400cc）の約2分の1（200cc）をもって誕生する。もし，ヒトの赤ん坊もチンパンジーと同様に，脳が大人の脳容量の2分の1に成長するまで母の体内に留まるとすれば，ヒトの母親はもはや赤ん坊を産むことが物理的に不可能になってしまう。ヒトの赤ん坊は，同じ霊長類のチンパンジーと比べて，より未熟な状態で生まれてくるのである。

ポルトマン（1961）は，高等な哺乳類の新生児の多くが，生育した親の姿をそのまま小さくした形であり，親とよく似た運動機能や行動力を備えており，その種特有のコミュニケーションの手段も身につけていることを指摘し，ヒトの乳児がそれと同じ状態になるのはほぼ1歳の誕生日頃であることから，ヒトは生理的に1年早産で生まれるのだと主張している。ポルトマンによれば，ヒト以外の高等哺乳類の新生児は，すべて誕生時から「巣立つもの」なのである（図1-1；図1-2）。

ヒトは巨大な脳をもったことによって，大きな代償を払わねばならなかった。それは，他の哺乳類に比べるとはるかに未熟な状態で赤ん坊を生まなければならなくなったことである。

ネオテニー　ヒトは，単に生理的に早産であるばかりではなく，祖先の胎児期や乳幼児期の特徴を維持し，備えたまま大人へ成長するというネオテニー（幼形成熟）の特徴を数多く備えた動

図1-1 高等哺乳類の新生児（ポルトマン，1961）
生まれたてのチンパンジー，子ヤギ，アザラシの子などは成育した親たちと基本的に同じ，身体の形や運動様式を備えている。

図1-2 ゴリラの新生児の四肢のバランス
（ポルトマン，1961）
ゴリラの新生児の腕や脚の長さのバランスは，成育した大人のゴリラのそれと基本的に同じである。

物である（モンターギュ，1986）。たとえば，脊椎に対して垂直になるように顔がついていること，すなわち直立姿勢なども，他の哺乳類の胎児に共通してみられる身体の特徴である。出生後，脳の成長がチンパンジーのようにはスピードダウンせずに，生後2年間，胎児の時と同じように脳が成長し続けることも，ネオテニー的な特徴と考えることができる。モンターギュによれば，ヒトのネオテニー的特徴のもっとも重要な点は，「好奇心が強い」，「想像力に富む」，「遊び好きである」，「偏見がない」，「柔軟性がある」，「ユーモアがある」，「新しい考えに対する受容性が高い」，「学習意欲が高い」，「愛することへの欲求が強い」などの子どもの特徴が，成人になっても持続することである。このような未成熟さは精神面だけではなく身体的な特徴にもあてはまる（表1-1）。

未成熟であることには，それなりに適応的な意味があることが指摘されている。たとえば，ヒトにおいて脳の発達が出生後も続くことは，精神や感情の**発達の可塑性**を高めている。出生後の成長期間が長いことが，ヒトの行動や認知の柔軟さを高めているのである。また，新生児期に視覚や聴覚や運動感覚などが，それ相応のテンポでゆっくりとした発達の仕方をすることも，急に複雑な刺激が複数の異なる感覚器官から入ってきて，互いに競合し合うことから生じるさまざまな危険性を回避するのに役立っている。未成熟であることは，生物学的に必ずしも不適応であることを意味しない。それは，適切な時期に，自分で処理できる適切な情報を取り入れていくための，巧妙な仕組みである。蝶々になる前の芋虫はけっして不適応であるわけではない。芋虫は芋虫なりに，その生物学的環境に適応しているのである。

表1-1　ヒトのネオテニー的な身体特徴
（モンターギュ，1986）

- 脳屈曲を保っている。
- 頭が脊柱の上にある。
- 大後頭孔が前方に位置する。
- 後頭部が前方に位置する。
- 眉稜は発達しない。
- 眼窩が頭蓋腔の下にある。
- 平坦な顔（直顎）。
- 頭蓋腔の前方で蝶形骨と篩骨が接続する。
- 頭骨の縫合閉鎖が遅い。
- 脳が大きい。
- 頭がまるい（胎児の頭示数72―82）。
- 顎が小さい。
- 顔が小さい。
- 頭蓋が大きい。
- 歯が小さい。
- 歯の萌出年齢が遅い。
- 鼻が突出している。
- 矢状稜がない。
- 頭骨がうすい。
- 骨格がきゃしゃ。
- 爪がうすい。
- 足の親指の把握性がない。
- 比較的体毛が少ない。
- 集団によっては皮膚色素が極端に少ない。
- 腰椎の屈曲。
- 身体構造上の性差が少ない。
- 膣が前方に位置する。
- 膣が下方を向く。
- 大陰唇をもつ。
- 処女膜をもつ。
- ペニスの包皮をもつ。

ヒトの赤ん坊は、きわめて未熟な状態で生まれる。目で見たものを手でつかめるようになるのは生後4カ月頃であり、歩くことやことばを用いることにいたっては、1歳前後にようやく可能になり始めるにすぎない。そして、ある程度自由に歩行し話せるようになるには、2歳の誕生日前後までかかるのである。にもかかわらず、ヒトの赤ん坊には、優れた学習能力が備わっている。

　生後3日目以内の赤ん坊が、母の声を弁別するだけではなく、母の声を好むことや、また、生後48時間の赤ん坊が、自分の母親の顔を見知らぬ女性の顔よりも長く見つめることが実験的に明らかになっている。生後2週ですでに、母乳で育てられている赤ん坊は、母の腋臭のにおいも認知しているとの研究もある。そして、生後4カ月頃にもなれば、はっきり母親の顔を認知し、選択的に微笑してくれるようになる。ヒトの赤ん坊は、養育者が適切な育て方をしている限り、その養育者に愛着を感じるようにプログラムされているといえるだろう。

ヒトの赤ん坊を育てる難しさ

　ヒトの赤ん坊を育てるのは難しい。明治33年（西暦1900年）には1,000人の新生児中155人が生後1年以内に亡くなっている（図1-3）。また妊産婦の死亡率もけっして低くはない。同年、10,000の出産に対して43.6の割合で妊産婦が死亡している（図1-4）。問題は、赤ん坊の未熟さそれ自体にあるのではない。たとえ未熟な赤ん坊であろうと、カンガルーのようにすぐさま母親のおなかの袋に入ってくれるのであれば問題ない。また、鳥の雛のように餌を運んでやりさえすれば、ぐんぐん大きくなってくれるのであれば悩む必要はない。赤ん坊のほうに力強い本能が残っており、母親のほうにもそれに応える本能が残っていれば、育児の問題は小さくなる。

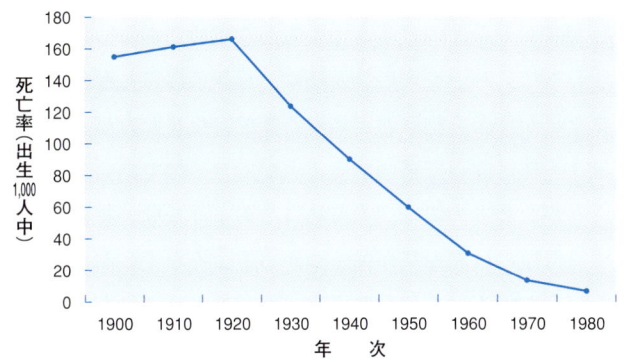

図1-3　乳児死亡の推移 (藤田, 1988)

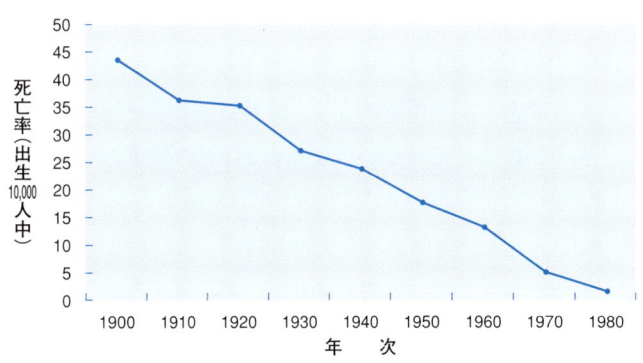

図1-4　妊産婦死亡の推移 (藤田, 1988)

たとえば、ニホンザルやチンパンジーの赤ん坊には、引き離そうとしても容易に引き離せないほど強く、手に当てられたものをつかむ反射（**把握反射**）が存在している。しかも、母親ザルには、赤ん坊がつかむことのできる毛の生えた皮膚がある。よって、ニホンザルやチンパンジーの赤ん坊は、母親の腹にしがみつくことで、また母が片手で抱きかかえることで、生まれたばかりの時から、母と一体となって移動することができるのである。

　ところが、ヒトの場合、赤ん坊にそのような強い把握反射は存在せず、母親には赤ん坊が強くつかめるような毛におおわれた皮膚がない。しかも、赤ん坊の首は、生後3カ月頃になるまでしっかりしない。そのような赤ん坊をうまく抱くためには、母親は両手を用いる必要がある。毛のない「**裸のサル**」としての母親は、つかむ力がなく首のすわらない頼りない赤ん坊を抱きかかえるという、かなり生物学的に不利な立場に立たされているといえるだろう。

　ヒトの子どもが大人と一緒に移動できるようになるのは2歳を過ぎてからである。その時期まで、母親が子どもを抱いて育てるのは、並大抵のことではない（現在の2歳児の体重の中央値は約11.5kgである）。とはいえ、いかに生物学的に不利であろうと、母親の側に、生後2年間子どもを抱き続け、乳を飲ませ養育する力強い本能が存在しているのであれば、問題はまだ小さいといえるだろう。ところが、ヒトは、未熟に生まれることによって、学習によるプログラミングの可塑性を増大させた反面、遺伝的に書き込まれた（育児についての）プログラミングの大半を失うという大きな代価を払ってしまったのである。

　ヒトの母親は、なぜ自分が自分の子どもを育てなければならな

Topic　アイヌの産婆さんの語り——座産

　青木愛子氏はアイヌの産婆の5代目である。彼女は北海道沙流郡に1914年3月に生まれ、12歳の時に母親（ハポ）から本格的に産婆教育を受け始めている。当時、近隣の女性は15歳から16歳で結婚することが多かったという。その頃、愛子氏はハポ（母）とエトイフチ（祖母）とから別々に座ってお産するときの姿勢を教えられている。尻の下で左右の足の裏を浅く重ね、左足の裏の位置で肛門を押さえるような形にする。そして両膝の間隔を大きく開き、トッタ（かます）に背もたれた姿勢になり、ウマンキ（梁）から下げるタラ（荷負い紐）につかまって陣痛の時にいきむのだという。この両膝の間を開けた向い側には、目には見えないけれどウワリカムイ（お産のカムイ）が来て座り、赤子を取り上げてくれるものと考えているようだ。実際には自分で取り上げるにしろ産婆が取り上げるにしろ、必ずその前にウワリカムイが陰で先に取り上げていると考えている。だから、足を投げ出して大の字になったり、また膝を立てる姿勢は、ウワリカムイに失礼にあたると愛子氏は考えている。この座産は一人で出産する時の型で、昔産婆のいない地方ではそのようにしていたものだと愛子氏は聞いている。また、昔は、ほとんど座産であったらしいとも伝えられている。愛子氏が5代目として継承している妊婦の出産姿勢は、仰向けである。しかし、ハポ（母）の時代には、仰向けに寝かせようとすると、「タラ（荷負い紐）下げてくれ！　フチ（婆さん）らしたようにさせれー、ハボしたようにさせれー！」と騒ぐ妊婦もいたという。するとハボは、「マキハウエアン（なにぬかす）、タルバテック（タラばかりが）、カルペ（作った）、エホニヒ（お前の腹か）、タラないば産めないのか。自分で作ったものは自分で産まないばなんないのに、タラ、タラってタラばかりいじめつけんな！」と気合いを入れたそうだ。愛子氏が子どもの時には座産をかいま見ることがあったが、彼女の時代になると、座産で産もうとタラ騒ぎをする者もすっかりいなくなってしまったという。

　　　　（青木（述）　長井（記録），1983より一部簡略化して引用）

いのか，またどのようにして子どもを育てればよいのか，生まれながらに知っているわけではない。彼女たちは，子育ての意義とその方法を，後天的に学習しなければならない。つまり，ヒトの育児は，母親の高度な判断能力と学習能力と，何らかの育児文化や仲間たちの援助に支えられて，初めて可能になるのである。だがおそらく，育児文化を必要としているのはヒトだけではないだろう。チンパンジーなどの高等哺乳類も，周囲の仲間から子育てのやり方を学ぶ必要があると思われる（Topic）。

さまざまな育児文化

ヒトの赤ん坊は，母の胎内にいるときから，すでに社会的な存在である。胎教なるものが広く行われるのも，胎児の存在が人々に認識されているからである。たとえばアフリカの森に住む狩猟採集民であるムブティの人たちは，母の胎内に子どもが宿るのは，その子どもが「生まれるように望まれた」からであると考えている。一人の子どもの人生は，その存在を望まれ，母の胎内に宿ったときに始まるのである。ムブティの母親は，出産までの数カ月間，折りあるごとに，繰り返し胎児に，幼児語ではなく胎児がすでに一人前の知性をもっているかのようにはっきりしたことばで，彼が出生後体験するであろう世界について語りかける。「森はよい。森はやさしい。母なる森。父なる森」と。かくして，ムブティの人たちは自分が胎内にいたときに起こった出来事も，母親の語りかけを通じて，自分の体験として記憶していると考えるのである（ターンブル，1993）。

また，マレー半島のジャングルに住むチューオング族の人たち（ハウエル，1987）は，胎児にもある程度の知覚能力と判断力が備わっていると考えている。胎児は外の世界を見ることができ，自分の母親の行いが好ましくないと「こんな母とは顔をあわせた

Topic 野生チンパンジーの子守行動

　未経産メス・経産メス・大人のオスなどがどのような子守行動を多くやっているか表1-2から理解できる。未経産メスはベビーシッターをすることによって母親行動の練習をしていると考えられている。オスも1〜2分という短い時間だが子守行動を行う。この相互作用を通じてオスは赤ん坊に対する親和性を強め，赤ん坊を庇護する行動が強化されるのではないかと推定されている。チンパンジーにおいても，育児が，母親の学習と，ある種の子育て文化のようなものをもった集団によって支えられていることが，理解できる。

表1-2　野生チンパンジーの子守行動を構成する主要な行動パターン
（西田，1981より一部略）

行動パターン*	未経産メス〔姉を含む〕(%)	経産メス	大人のオス(%)
運　　搬	88 (56.8)	0	10 (10.3)
抱　　く	66 (42.6)	3	36 (37.1)
毛づくろい	56 (36.1)	0	62 (63.9)
咬　　む	18 (11.6)	1	14 (14.4)
抱 き 替 え	18 (11.6)	0	0
仰向けになり，腹の上にのせる	12 (7.7)	2	14 (14.4)
"ヒコーキ"	11 (7.1)	0	1 (1.0)
軽く叩く（パット）	9 (5.8)	1	6 (6.2)
（以下略）	（以下略）	（以下略）	（以下略）
場 面 数 **（計269）	155	11	97

*　未経産メス，あるいは大人のオスの観察場面数の5％以上にみられた行動パターンのみ。
**　開始から終了まで完全な観察記録のあるものだけ。

図1-5　兄が弟に「ヒコーキ」をしている
（西田，1981）

解釈される存在

くない」となかなか母の胎内から出てこなかったりする。生まれた子どもは、森のいたる所に存在するスーパー・ヒューマンビーング（超人間）に襲われやすいので、人間の文化の印でもある「家」や「布」や「火」や「お湯」によって大切にガードされる必要がある。赤ん坊は、布で完全にくるまれ、けっして家から連れ出されず、昼夜燃やされ続けている火の側で寝かしつけられ、水ではなく必ずお湯で身体を拭われる。赤ん坊にとって、涼しい所というのは、超人間の出没する危険な場所なのである。このように、ムブティやチューオング族の人たちだけではなく、世界中の人たちが、自分たちの文化に応じて、妊娠や出産や育児について、実にさまざまな意味づけを行ってきたのである。

　誕生は常に死と隣り合わせだった。日本人もつい数十年前まで、妊娠は人智を越えた神仏の力によるものであり、「あちら」である彼岸の世界から「こちら」の此岸の世界へ子どもを引き上げることが出産と考えられ、出産のことを「子やらい」などとよんでいた。また無事誕生したとしても、7歳までは、子どもの魂は不安定で十分にこちらの世界に根づかず、まだ神の内にいるとみなされていたのである。出産の儀礼や食い初めなどのさまざまな生育の儀礼がなされたのも、子どもの霊魂を安定させるためであった。よって、不幸にも7歳までに死亡したとしても、ふたたび家族の中に生まれ変わってくるようにと正式な墓を作らずに家の近くに埋葬されたのである。

スウォドリング

　かつて東北を中心とした日本の各地で、人手がかからぬようにするため赤ん坊をエジコとよばれる身動きのできないかごの中に入れて育てる風習があった（図1-6）。1934年当時、日本人の1割程度がエジコに入れられた経験をもってい

図1-6 エジコに入っている子ども（我妻と原，1974）
1958年，長野県開田村にて撮影されたもの。

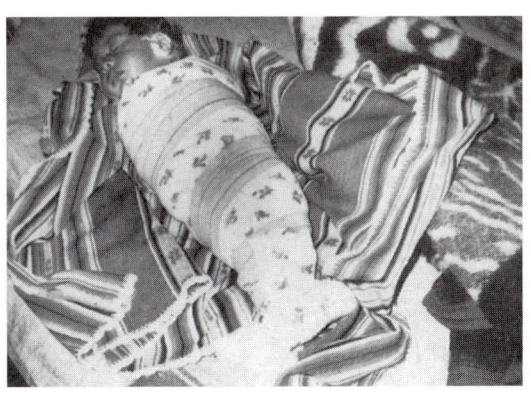

図1-7 スウォドリングされているアイマラ族の子ども
（正高，1995）

たとの説もある。

これと似た風習が世界各地に存在する。正高（1997）によると赤ん坊を布でぐるぐる巻きにして育てる**スウォドリング**という育て方が世界各地にみられるという（図1-7）。この風習は，人類の歴史の中で非常に起源が古いものとみなされている。

正高はボリビアの先住民であるアイマラ族の育児の実態調査をし，伝統的な育児法のスウォドリングをする家族としない家族との対比から，実に興味深い事実を明らかにしている。まず，スウォドリングをされている乳児とされていない乳児では，大人からの言語的な働きかけ（語りかけ）・非言語的な働きかけ（微笑みなどの表情や身体接触）の頻度や，下着の取り替え回数などには差がなかった。母親が非言語的に接する頻度は，スウォドリングをされていない乳児のほうがはるかに多かったが，スウォドリングをされている乳児は，母親以外の大人に接してもらうことが多く，総体としては両群に差はなかった（図1-8）。歩行の開始の時期などにも違いは見出されていない。

相違点は，スウォドリングをされている乳児のほうが，平均6カ月も早く母乳から固形食に移行することである。それと密接に関連したこととして，平均出産間隔がスウォドリングをしている女性は20カ月であるのに対して，スウォドリングをしていない女性は30カ月であった点があげられる。離乳が早いということは，母親が排卵しふたたび妊娠する可能性が高いということに他ならない。スウォドリングは，正高によると，通常以上の多産多子を可能にする「繁殖戦力」として機能する育児スタイルなのである。乳児死亡率はスウォドリングをしている場合のほうが高くなるのだが，次の子どもを早く産めるので，すべてをこみにする

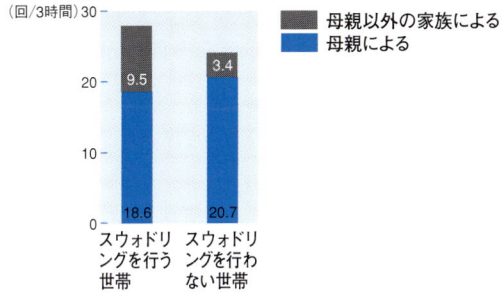
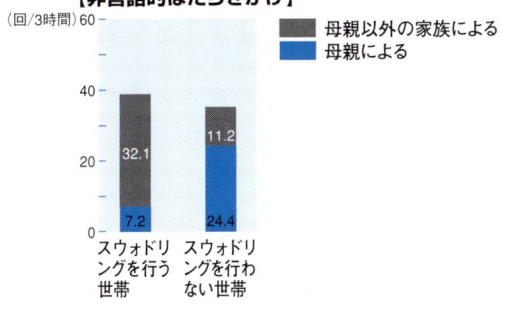
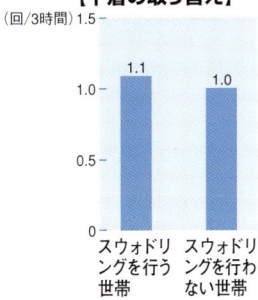

図1-8 スウォドリングを行う世帯と行わない世帯における養育行動の観察結果の比較
(正高,1997)

とスウォドリングを行っているほうが子どもの数が多くなる。

ヒトの育児の共通点

ヒトの育児は実に多様である。スウォドリングを行うか行わないか，産みの母親が子どもを育てるか，乳母が育てるか，うつぶせに寝かせるか仰向けか，実にさまざまな風俗習慣がある。しかし，すべての育児に共通している点がある。それは，私たちヒトは，赤ん坊の存在を社会的に「**意味づける**」だけではなく，赤ん坊の表情や行動や発声などをコミュニケーション的に「意味づける」ことを通じて，赤ん坊を育てるということである。赤ん坊を布でぐるぐる巻きにして育てるスウォドリングといった方法で子どもを育てることが可能なのも，周囲の大人たちが赤ん坊の状態をモニターし，赤ん坊の状態を適切に「解釈」し，「意味づけ」て養育するからである。

ヒトの赤ん坊は「**意味**」に包囲され，刻々と新たな「意味」を与えられて育てられる。周囲の人々は，赤ん坊が生まれる前から，「誰が母親なのか」「誰が父親なのか」，文化によっては「誰の生まれ変わりなのか」などと話題にする。そして，生まれ出るやいなや，赤ん坊の様子や表情や発声はさまざまな「意味」をもつものとして理解される。赤ん坊が「何を欲しているのか」「なぜ泣いているのか」「何を見つめているのか」など，赤ん坊の立場に立ってさまざまな「**豊かな解釈**」がなされるのである。これが，ヒトという種に普遍的に観察される，特有の育児の様式である。

なぜヒトのみがこのような特殊な育児方法をとるのだろうか。その理由は，きわめて簡単である。そうしなければ赤ん坊を生かすことができなかったからである。ヒトの赤ん坊は，脳が巨大化したために母の胎内に長く留まることができずに，他の高等哺乳類に比べると1年も早くこの世に生まれ出た未熟児である。彼

Topic ヒトの育児の大変さ

(田島, 1992)

解釈される存在

（あるいは彼女）には，自分の力で母親にしがみつき乳房に食らいつき生き延びるたくましさが欠けている。初めの1～2週間は泣く力さえ弱い。このような弱々しい赤ん坊を育ててこなければ，ヒトという種は絶滅してしまっていたのである。しかもヒトには格別な育児本能があるわけではない。

　その結果ヒトが選択した道は，**仲間関係**の駆け引きから進化し肥大化した脳（図1-9），つまり未熟な赤ん坊を産む原因ともなった脳を，育児のためにフルに活用することであった。赤ん坊の表情を読みとり，赤ん坊の仕草を解釈し，赤ん坊の必要としていることを認識する。そのような**解釈活動**をとおして赤ん坊というハンディキャップを背負った存在を介護していくことこそ，人類の選んだ生き残るための道なのである。

　それは，別な表現をすれば，（赤ん坊の）「脳」を理解するために（親の）「脳」を用いるという道である。そもそも，ヒトの脳は，（競争相手の）脳を理解するために進化してきたと考えられている（ハンフリー，1993）。そのために肥大化した脳を今度は，赤ん坊の「脳」を理解するために活用しようというわけである。この戦略が成功したことは，私たちの仲間がかくも多く繁殖していることから理解できるだろう。

🔵 目が合うことの意味

> なぜ目が合うのか？

「**目が合う**」というのは，顔を合わせている双方がお互いを見つめていれば，自ずと成立するといった単純な事柄ではない。「目が合う」というのは，意外に特殊な事態なのである。たとえば，互いに角をつき合わせている2匹のウシのことを考えてみたい。彼らは互いに相手の顔を見ていないわけ

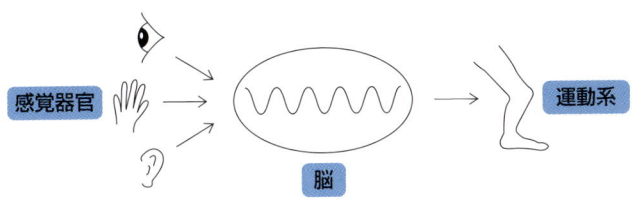

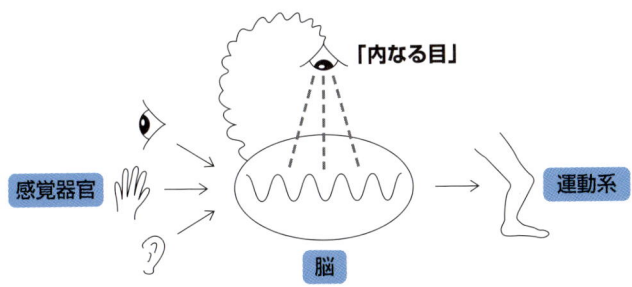

図1-9 「**内なる目**」(ハンフリー，1993)
仲間同士の熾烈な競争の中で相手の心の動き（相手の脳の活動）を読むために、自分の心の動き（つまり自分の脳の活動）をモニターできる「内なる目」が、進化の途上で生まれてきたのである。ハンフリーによれば「内なる目」こそが「意識」に他ならない。ヒトは、そのおかげで、「他人が何を考え、次にどうしようと計画しているかを思い描く」ことができるのである。

ではない。しかし，目を合わせにらみ合っているとはいい難い。それは，彼らの目が顔の両サイドに分離して位置していることに起因する。このような目は，正面の対象に視線の照準を合わせるのには不都合な構造なのである。この目の位置のメリットは，広い視野を生み出し，周囲に捕食者が潜んでいないかチェックするのに好都合な点にある。よって，捕食者に襲われる危険性をもった，ウマやシカやウサギやヤギといった草食動物や，スズメやジュウシマツやカナリヤやツバメといった，動物を捕食しない鳥類に，このタイプの目が広く見られる。

　これらの哺乳類や鳥類と「**目を合わせる**」ことは，基本的に不可能である。それは，彼らに見つめられても，「見つめられた」側がいっこうに，「見つめられている」とは感じられないからである。「目が合うため」には，少なくとも相手が，こちらを見つめているとこちら側が感じる必要がある。その意味で，草食動物とは「目を合わせる」ことはできないのである。

　「見つめられている」と感じるには，相手の2つの目がサイドではなく，正面についている必要がある。前に並んだ2つの目の焦点が，自分のほうに向けられていると感じたとき，私たちは「見つめられている」と感じるのである。「見つめられる」ことは，基本的に快いことではない。それは，しばしば強い緊張を伴う。その理由は，明白である。2つの目でこちらを見つめているものは，草食動物やか弱い鳥類ではなく，獲物をねらう捕食者に他ならないからである（図1-10）。捕食者は，うまく獲物を捕えるためには，対象となる獲物までの距離を正確に見積もる必要がある。左目と右目の（両眼）視差から，それが計算できるのである。捕食者の目が顔の正面についているのは，そのためである。その

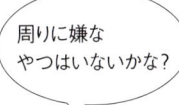

【草食動物】　　　　　　　　【捕食動物】
サイドに目のある動物，鳥類。　正面に目のある動物や鳥類。

図1-10　草食動物と捕食動物の顔

ような動物を列挙すればこのことがよくわかる。ライオン，トラ，ジャガー，オオカミ，イヌ，サル，チンパンジー，ヒト。哺乳類だけではない。フクロウ，ミミズク，ワシ，タカといった捕食系の鳥類も同様の顔つきをしている。

「目が合っている」という状態は，相手を「見つめつつ」しかも相手に「見つめられている」ということが，双方において成立している状態のことである。これが成立するのは，以上の議論からもわかるように，顔の正面に目があるもの同士のときのみに限られている。

「1-0」のデジタル・コミュニケーション

「目が合う」ということは，双方が（いわばミサイル）攻撃の前段階として相手にレーザーの照準をあてたことを意味する。ネコとネコとがにらみ合って，互いに「ニャーオ」と威嚇し尻をあげている状態がこれである。互いに相手を「見つめている」という意味では，互いに相手に襲いかかろうとしているといえる。同時に，双方とも「見つめられている」という意味では，相手に襲われるのではないかとびくびく緊張しているのだともいえる。両者は，「目を合わせる」ことによって，互いに相手を警戒すべき自分に似た（捕食者）存在として相互に認知し合っているのである。

ここからアイ・コンタクトの興味深い性質がいくつか浮かび上がってくる（図1-11）。

①「目が合う」のは，顔の正面に目のあるもの同士である。よって，相手が自分の仲間（同類）である可能性もけっして低くはない。

②「目を合わせている」もの同士は，相手の「存在」と，相手に対峙している自分自身の「存在」を互いに強烈に感じ合ってい

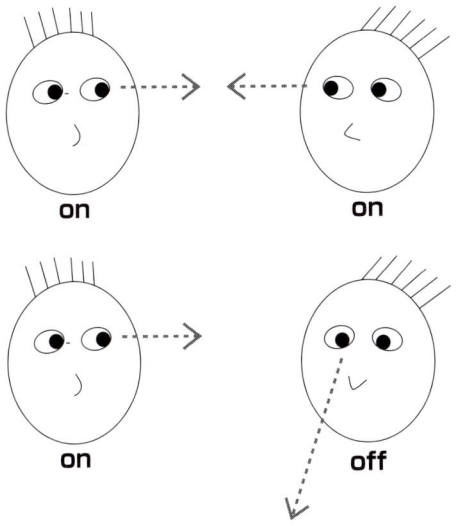

図1-11 アイ・コンタクト＝メタ・コミュニケーション
　　　　（コミュニケーションについてのコミュニケーション）

「目を合わせる」ことは，自分を見つめようとしている「相手」を互いに認め合うことである。①相撲や格闘技でにらみ合う二人はまずそのことを行っている。②恋人同士が互いに見つめ合うのは，そこから派生したアイ・コンタクトの新しい活用法である。彼らは，「『私を見つめているあなた』を私が感じ受け止めていること」をあなたに感じてもらうために相手を見つめるのである。③さらにある出来事（行為）が生じた瞬間，まさにその瞬間に「目を合わせる」ことは，その出来事（行為）の認識を目を合わせた他者と共有し，そこから，さまざまなコミュニケーション意図を派生させようとする高度なアイ・コンタクトの活用方法である。これには，さまざまなバリエーションが存在する。

る。それは，意識というよりもっと原始的な，身体の緊張を伴う姿勢情動的な認識である。たとえば，ヘビににらまれたカエルは，「相手」を全身の緊張感で感じ取り，かつ同時にその身動きならない緊張感として「自分自身」を感じているといえるだろう。アイ・コンタクトの状況では，双方が，いわば，ヘビににらまれたカエルなのである。それが，「他者」と「自己」という対となる**コミュニケーションの基本構造**（認識）が生まれる，生態学的な基盤である。

　③偶然の瞬間を除けば，「目が合う」のは，双方が相手を見ようとする意志をもつ場合に限る。どちらかが視線を避ければ，アイ・コンタクトは消滅する。相手を見つめることを仮に「オン（1）」と表現し，相手から視線をそらせることを「オフ（0）」と表現すれば，アイ・コンタクトは自己と他者とが（1）－（1）の場合にしか成立しない。相手の目を見つめることは，「相手とアイ・コンタクトしたい」という意図を相手に示すことになる。こちらが意図的に（1）の信号を送り，相手がそれを「受け止め」それに応え相手が（1）の信号を送り返し，それをまた自分が「受け止め」それに応えまた（1）の信号を送り返す。互いに見つめ合う母子や恋人同士は，このようなアイ・コンタクトを行っているといえるだろう（図1-12）。そこでなされているのは，もっともプリミティヴ（原始的）な形での「**コミュニケーションについてのコミュニケーション**」である。「目を合わせる」ことによって，「目を合わせている自分たちが「コミュニケート」している」ことをメタ的に相互に確認し合うことが，原理的に可能なのである。

　アイ・コンタクトには以上のような性質がある。アイ・コンタ

【ネコとネコ】

【相　撲】

【恋人同士】

図1-12　さまざまな対峙の感覚

クトはいわば，生物学的に基礎づけられた「オン (1)」・「オフ (0)」の**2進法通信システム**として機能する構造を備えているのである。この天然の通信システムを自分たちのコミュニケーションにフルに活用するという道を選んだのがヒトである。なぜ，ヒトがそのことに気づいたのか，その要因として3つの事柄が考えられる。

1つ目は，ヒトが相手の視線に注目すると相手の行動が予測できることに気づいたことである。このレベルの認識は，オランウータンやチンパンジーにもある。2つ目は，ヒトが自分たちの仲間関係に多大な関心を払い，仲間同士のコミュニケーションを発達させていたことである。これらの要因から，ヒトは自分自身に向けられた相手の視線に注目し始めたと考えられる。3つ目は，ヒトは複数の情報を1つの情報として統合する能力（大脳の**前頭前野**の機能）が発達していることである。この3つ目の要因から，ヒトは自分に向けられた相手の視線の意味を，相手と自分のおかれた状態とその場の前後の状況などをすべて考慮したうえで，計算することが可能になったのだと推定される。

赤ん坊といつ頃から目が合うのか？

赤ん坊が私たちの目を見つめているからといって，私たちは赤ん坊と目が合ったと感じるわけではない。生後2〜3週以内の赤ん坊に見つめられたとしても，しばしば大人は自分を素通りして，赤ん坊が自分の背後に視線を向けているような奇妙な感覚を味わわされたりする。たとえば，極端な場合，赤ん坊の瞳の中に赤ん坊をのぞき込んでいる自分自身の顔が映っているにもかかわらず，目が合っているとは感じられないのである。その理由は，アイ・コンタクトをしようとしまいと，赤ん坊に何の変化も観察されないからである。そこに

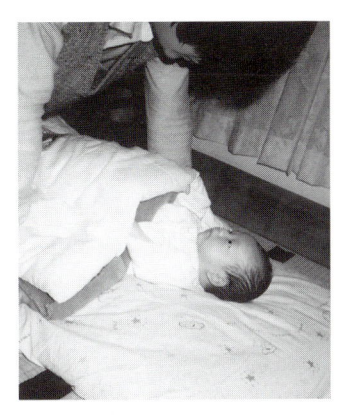

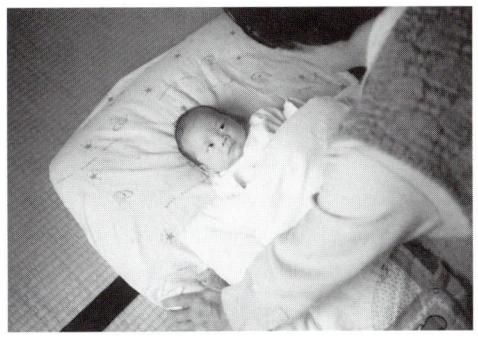

図1-13 生後1カ月3日の赤ん坊のまなざし（著者撮影）
生後1カ月3日のYの写真。父親が呼びかけたり口笛を吹いたりして注意をひきつけようとしているシーン。この状況でYは一度だけスマイルしたが、それ以上はせず。この時期には、まだアイコンタクトはない。Yがじっと父親の目を見つめるようになったのは生後1カ月12日のこと。その翌日には、Yは横から自分を見つめる父親の目を120秒前後見つめている。

は，通常アイ・コンタクトに随伴して生じるはずの緊張感が欠如しているのである。

　たとえば，筆者の次男のYは，生後1カ月12日のときに，私の目を120秒前後も見つめるという長いアイ・コンタクトを初めて行っている（**図1-13**）。しかも，この間一度だけだがYは私を見つめつつ**スマイル**している。一般に，生後1カ月頃から赤ん坊は，じっと対面で見つめていると，動きを止めてこちらを見つめるようになり始める。この時期になると，赤ん坊と目が合うという実感が少しずつし始めるといえるだろう。同時に，目が合い始めると，多くの母親は目の前に「私を見つめている私の赤ん坊」がいるのだと強く感じ始める。母親が赤ん坊に盛んに話しかけ始めるのもこの時期である。しかし，冷静に考えるとこの時期のアイ・コンタクトは，後のものに比べると何かもの足りない感じがしないわけではない。

　生後2カ月前後になると，アイ・コンタクトに応えて，必ず赤ん坊が発声したりスマイルしたりするようになってくる。そうなると，私たちは赤ん坊とアイ・コンタクトしているとさらに強く実感できるようになる。前述のように目を合わせることにはある種の緊張感を伴う。その緊張感を解き放すかのように，赤ん坊がスマイルや発声をするのである。これは，私たち大人の側も同様といえるだろう。

　一般に，赤ん坊が生後2～3カ月頃になると，赤ん坊と養育者との間にある種の**会話様のやりとり**が可能になってくる。赤ん坊が機嫌の良い時にうまく調子を合わせて対面で話しかけてやると，赤ん坊がこちらの目をしっかり見つめ，手足を動かしつつ，盛んに発声したりスマイルしたりして，さかんに応答してくるよ

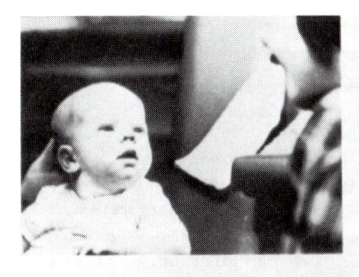

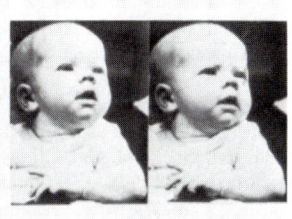

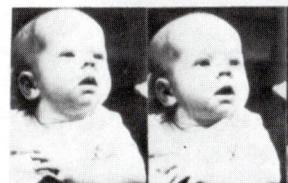

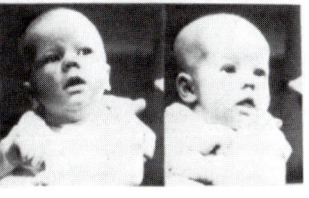

図1-14 プレスピーチをしている赤ん坊
(トレヴァーセン,1979)
生後6週の女の子がやさしく話しかけている大人の顔を熱心に見つめ、次に眉の間にしわを寄せ、口を開け、そして最後に心を動かされ、プレスピーチを始めるところを示す写真。

うになる。このことを赤ん坊の**プレスピーチ**とよんだり，**第1次間主観性**の現れとみなしたりすることもある（図1-14）。いずれにせよ，このような人生の早い時期に，赤ん坊が大人と目を合わせ，しばしば息をはずませ表情と発声でやりとりすることは，非常に興味深いことである。

ヒトの赤ん坊は，自分の力で生きていくことはできない。養育者の関心をひきつけ，世話してもらうことによって初めて生き長らえることができる。親のほうも，自分の赤ん坊をきちんと世話しなければ，自分の遺伝子を後世に残していけない。その意味で，双方の利害は一致している。よって，養育者と世話をされる赤ん坊との間に強い結びつきをつくるシステムが，進化の過程で形成されたと考えられる。

おそらく，それが，赤ん坊と養育者との間にみられる「スマイルと発声とアイ・コンタクトによる」会話様のやりとりなのである。その機能は，双方が互いの存在を感知し合い，互いに愛着を抱き合うようにすることである。私たちは，アイ・コンタクトやスマイルや発声で応答してくれる相手に，好意と関心を抱くようにあらかじめプログラムされているといえるだろう。

人の目を見つめて声を出し訴える

乳児は，対面で相手をしてくれる大人の目を見つめ会話様の発声をするだけではない。生後3〜4カ月頃になると，近くに来た人の目を見つめて発声し，周囲の人たちに積極的に自分から働きかけるようになる（表1-3）。自閉症の子どもたちや**重い言語障害**の子どもたちが，4〜5歳になってもなかなか人の目を見つめ人に向けて（ことばではなく単なる声であれ）声を発してくれないことを考えるならば，健常の乳児がかくも幼いときに人の目を見つめ声を発することは驚

表1-3 乳児Uの「人に関わる要求」
(麻生，1986)

月齢	乳児Uの「人に関わる要求行動」の観察事例
3,2	大人を見つめ柔らかな声を出していたが応じてもらえぬと見つめつつ甘えむずかり声。
3,4	むずかり出すので母が声をかけると「エアー」，側に行くと見つめ甘えむずかる。
3,12	父が対面でUのまねをして口を動かすと口を見つめ，やめたり声を出すと父の目を見る。
3,16	いつも母が来るダイニングの方向を見つめ「エーア」，「エー」と訴え，母探すかのように。
4,8	泣いていたのが一人で泣きやむ。母がそっとのぞくや，母を見つめて泣き出す。
4,9	側に立つ人を見つめ嬉しそうに発声で働きかけ，見つめつつ次第に訴え声に変化。
4,14	父を見つめ「ウーウー」，父が応えないとしかめ面で「エーエー」と訴え始める。
4,14	相手をしていた者が背を向け一，二歩去るや訴え声，人の目を見つめ訴えかける。
4,22	隣室の父の背を見つめ「ウーウー」，父が振り向き，目が合うや「エーエー」と訴える。
4,22	目を覚まし添い寝の母を見つめ「エイー」と呼びかけ，母が目を開けるや目合わせスマイル。

注：x，yはxカ月y日を表す。

目が合うことの意味

くべきことである。

目を合わせることは，「見つめる」ことであると同時に「見つめられる」ことでもある。そのような相補性の中に，コミュニケーションの基礎となる**「われ」と「なんじ」の基本構造**がすでに萌芽として存在しているといえるだろう。また，「声」というものは，同種の仲間（ヒトならヒト）へ向けられたシグナルに他ならない。「**発声する**」ということは，そもそも（同じ仲間の）「聞き手」の存在を前提にした行為なのである。よって，大人の目を見つめ，大人に向かって発声している乳児は，音声言語の獲得へ向けて力強い一歩を踏み出しているといえるだろう。

しかし，この時期の乳児は，声でもって他者の関心を特定の対象や出来事に向けさせようとしているわけではない。乳児は，単に，自分の気分（情動）を声で直接他者に伝えようとしているにすぎないのである。そこには，相手の注意を，ある特定の対象に向けさせ，そのことによってある目的を果たそうとするといった意図はまだ存在していない。子どもが，他者に特定の行動を行わせるために，他者の目を見つめ声で訴えるようになるのには，生後1年目の終わり頃まで待たねばならない。

意図的に発声する　ハーディングとゴリンコフ（1979）は，言語以前の**意図的な発声**を調べるために，生後8カ月から14.3カ月までの乳児46名（平均10.7カ月）に対して興味深い実験を行っている。

まず，母子のペアに研究室に来てもらって，子どもにフラストレーションを起こさせるような2つの場面を人為的に作る。場面Aでは，母親がオルゴールの玩具のネジをまいてやったりして遊んでやった後，母親がその玩具を子どもの手の届かない（しかし

母がネジを巻き鳴らしたオルゴール

図1-15 乳児の「発話内行為的（illocutionary）」発声を示す場面
オルゴールが止まると乳児が母を見つめ発声し訴える。
（ハーディングとゴソンコフ，1979）

子どもから見ることのできる）テーブルの上に置き，実験者に指定された用紙を読むふりをし始める（図1-15）。場面Bでは，中に菓子の入った透明なプラスティック容器を子どもに触らせる。子どもにはふたが開けられない。母親が何度もふたを開けたり閉めたりして，菓子を出し子どもに与える。そして，母親はふたのしまったこの容器を子どもに自由にさせ，自分は実験者に与えられた用紙を読むふりを続ける。

　この実験で，2場面とも母親の目（目のある方向）を見つめ発声し母親に訴えることのできた子どもは，46名中24名で，その平均年齢は生後11.48カ月であった。残り22名の子どもたちの平均年齢は10.96カ月であった。ハーディングとゴリンコフらは，前者の子どもたちを，発声をコミュニケーションのために意図的に用いることができるという意味でコミュニケーションの「**発話内行為的（illocutinary）**」レベル，後者を「**発話媒介行為的（perlocutionary）**」のレベルと分類している。

　そして，彼らはこのことが，ピアジェによる「**因果性の理解**に関する」発達段階と有意に関連していることを，実験的に明らかにしている。**感覚運動的段階**の第5段階と，意図的発声の「発話内行為的」レベルとが対応しているというのである（表1-4）。また，「発話媒介行為的」レベルの子どもたち22名中，12名は声は用いなかったものの，母の手を引いたり手差しや指差しなどを用いて，母親の注意をターゲットの対象に向けさせようとする「意図的な注意方向づけ行動」を行っている。彼らにできなかったのは，自分の声をそのような「意図的な注意方向づけ行動」の一つとして利用するということである。

　自分が困ったときに人を見つめて声を出し訴え，助力を求める

表1-4 「因果性の理解」と「発話内行為的」発声との関連
(ハーディングとゴリンコフ, 1979)

コミュニケーションの段階	因果性のピアジェの発達段階		
	第4段階 (11人)	移行段階 (11人)	第5段階 (24人)
平均月齢	9.68カ月	11.27カ月	11.58カ月
「発話媒介行為的」	100% (11人)	36.4% (4人)	29.2% (7人)
「発話行為的」	0% (0人)	63.6% (7人)	70.8% (17人)

コミュニケーションの段階（目を見つめての意図的発声の有無）は，因果性の発達のレベルで有意な差（$p<.01$）。

Topic 知能の感覚運動的段階

ピアジェは知能の初期の発達段階を感覚運動段階と位置づけ，それを以下の表のように6つの段階に細区分化した。この時期は表象的知能が出現するまでの最初の2年間に対応している。

表1-5 ピアジェによる感覚運動的知能の6段階
(ピアジェ, 1936)

第1段階	反射シェマの行使
第2段階	第1次循環反応
第3段階	第2循環反応；目と手の協応，興味ある光景を持続させるための手法を反復
第4段階	手段と目的と分化；「指標」を利用する
第5段階	第3次循環反応；試行錯誤による新しい手段の発見
第6段階	シェマの内面化；心的実験による新しい手段の発明や洞察

目が合うことの意味

というのは何でもないことのようだが，実は大変なことなのである。そのような発声行為を行うためには，子どもたちは，その前提となるいくつもの重要な認識をしっかり理解しておく必要がある。

　①自分（私）だけではなく他者もある対象に注意を向けることができる。

　②他者は対象を操作しある結果を生じさせる力をもっている。

　③自分（私）が声を出すと，他者は声を出している自分（私）に注意を向けるだけではなく，自分（私）が注目している対象にも注意を向けてくれる可能性がある。

　④自分（私）が注意を向けさせようとした対象に，うまく他者の注意を向けさせるのに成功すると，他者が自分（私）が願っている（対象に対する）操作を遂行してくれる可能性が高い。

　このような暗黙の諸認識が，ハーディングらのいう「発話内行為」の背後には隠されているのである。次章において，このようなコミュニケーションの基礎となる諸認識がどのようなものであるかをみていくことにしよう。

Topic 因果性の理解を調べる課題

【課題A】 **【課題B】**

図1-16 課題の状況

　ハーディングとゴリンコフら（1979）は，子どもたちの因果性についての理解を調べるために，次の2つの課題を行った。課題Aは，子どもを椅子に座らせ，後ろにこっそり立った実験者が，しばらくして急に椅子を前に押し動かすという課題である。子どもが，椅子の後ろや前を見るなど原因を探索する行動をとれば，その行動は（ピアジェの感覚運動的発達段階の）第5段階のレベルにあるとみなされる。ただ単に驚いたり横の椅子をたたいたりといった行動は，第4段階のレベルのものとされる。課題Bは，母親が子どもの髪に，少し間合いをはさみつつ何度も心地よい風（息）を吹きかけてやる課題である。子どもが気持ちよくなったあたりで突然母親は吹きかけるのをやめる。子どもが，母親の目を見つめるなど，母親の行為を期待していることを示す行動を示すと，その行動は第5段階のレベルにあるとみなされる。これに対し，あたかもここを動かせばよいのだというかのように母親の口を触ったり，因果の関連を理解せずに行っているような行動は第4段階のレベルのものとされる。ハーディングとゴリンコフらは，AとBの両課題とも第5段階のレベルの反応を行った者を「第5段階」，両課題とも第4段階の反応を行った者を「第4段階」，1課題だけ第5段階のレベルの反応を行った者を「移行段階」に属する発達段階の子どもたちであると認定した。

参考図書

麻生 武・内田伸子（編） 1995 講座 生涯発達心理学2 人生への旅立ち──胎児・乳児・幼児期前期 金子書房

乳幼児期の発達について重要なポイントを選び詳しく論じられている。本格的な概論書。

鯨岡 峻 1997 原初的コミュニケーションの諸相 ミネルヴァ書房

親子の間主観的な交流を見事に記述しその深い意味を明らかにしたユニークな書物。

正高信男（編） 1996 赤ちゃんウオッチングのすすめ──乳幼児研究の現在と未来（別冊発達19号） ミネルヴァ書房

さまざまな研究者によるわが国の乳幼児研究の最前線を概観することができる。研究者自身による研究案内。

三木成夫 1983 胎児の世界──人類の生命記憶 中公新書

著者は解剖学的見地から個体発生の中に系統発生の神秘を読み解いていく。羊水が古代海水に似ているなど，人間を何億年という生命の物差しで見る方法を教えてくれる。

無藤 隆 1994 赤ん坊から見た世界──言語以前の光景 講談社現代新書

認知発達，情動発達など世界の最先端の研究をわかりやすく読みやすく紹介してくれている。

ことばとしての身体

　有意味な音声言語を自由に発するようになる前に，乳児はヒトという種に普遍的なことばを身につけるようになる。それが，ことばとしての身体である。「あなたが手を挙げる」それに応えて「私も手を挙げる」。「私が微笑む」と，「あなたも微笑む」。そして，「私がこれから行こうとしている東のほうを指差しあなたを見つめる」と「あなたは西のほうを指差し私を見つめる」。「あなた」と「私」は，ことばは発しなかったが，十分に理解し合ったのではないだろうか。私は東へ向かう旅人で，あなたは西へ向かう旅人だというわけである。ことばはなくとも，互いに同じ身体をした相互に模倣し合えるもの同士だとわかると，私たちはある程度コミュニケートできるのである。

●みたてを伴うなぐり描き（Y:2歳0カ月1日）
「コエゲゲタオウ（ゲゲゲの鬼太郎），コエゾーシャン（象さん）」など盛んにしゃべりつつ描く。

指差しの不思議

指差しの理解と共同注視　指差しとは，人差し指で対象を指し示して，他者の注意をその対象に向けさせる行為のことである。（図2-1）。では，なぜ人は他者の指差しによって遠くの対象が「指差されている」と理解できるのだろうか。これは，けっして簡単なことではない。たとえば，自閉症の子どもたちをはじめとするコミュニケーション障害をもった子どもたちは，しばしば，指差されている離れた対象ではなく，指差している他者の指先それ自体に注意を向けてしまうことがある。指先ではなく，指差されている対象が問題であることを，どうやって子どもたちは理解するようになるのだろうか。

幼い子どもたちに指差しを理解させるために，大人たちがしばしば用いる方法がある。その1つは，指先で対象をたたき音をたて，その対象に子どもの注意を向けさせるという方法である。もう1つは，指先を動かして，子どもの視線をとらえ，その指を移動させ，ターゲットになる対象まで子どもの視線を誘導するという方法である。大人は，子どもと一緒に絵本を見たり写真を見たりする際に，これらの方法をしばしば用いる。しかし，これらの方法だけでは，子どもの注意を離れた遠くの対象に向けさせるのは困難である。

遠くの対象への指差し理解の基礎になっているのが，共同注視という現象である。それは，複数の個体が同じ対象に注意を向けている状態のことである。子どもと大人が生活を共にしている限り，両者が共にある対象に注意を向けるといった共同注視の事態はけっして珍しいことではない。母親が子どもの視線を追い，子どもの注目している対象に注意を向け「○○だね」といったコメ

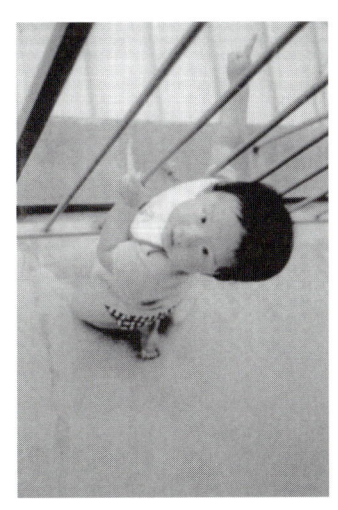

図2-1 指差し
1歳0カ月21日の乳児Uがマンションの通路から近くの民家の2階の物干しにあるアヒルか何かの顔のオマルを指差し「ワウワ」、「ワウワ（わんわん）」と発声し、側にいる父親と母親に訴えているところである（麻生，1992）。

ントを加える。物音のした方向に母親が注意を向け、子どももそれにつられるように同じ方向に注意を向ける。何か近くをよぎるものがあり、母親がその方向に首を回し、それにつられて子どもも同じ方向に首を回す。イヌがほえ、母親と子どもが同時に目の前のイヌに注目する。以上のようなことは日常茶飯事であるといえるだろう。目立つ対象に複数の個体が注目し、結果として共同注視が成り立つことも多いが、それには、特別な能力は何ら必要ない。特別な能力が必要になるのは、相手の顔の向きや視線のみを手がかりに、相手の視線をたどり相手の見つめている対象を見出し、共同注視の状態を作り出すときである。

相手の視線を読む　相手の視線をたどり、相手の見つめている対象を見出す能力は、大型カモシカの一種にも認められている。彼らは、警戒音を耳にするやいなや、まずそれを発した個体のほうを向き、そしてその個体が顔を向けている方向を注目するのである。このような能力はニホンザルにも備わっている。

　正高（1994）が巧妙な実験を行っている（図2-2）。この実験で興味深いのは、ニホンザルが相手の視線ラインを読み、振り返って相手の見つめている対象を見ようとするのは相手の側から警戒音が聞こえてきたときに限ることである。同じ方向から仲間に対する一般的な呼びかけであるクー・コールが聞こえてきても、そのような共同注視はみられないのである。大型カモシカの場合と同様に、「捕食者が接近し、捕食者がどこにいるかを早く見つけ、それに早く対処しなければならない」といった緊急の状況でのみ相手の視線を読むというとっておきの能力が発揮されるのである。

　チンパンジーになると、この能力はもう少し、一般的なものに

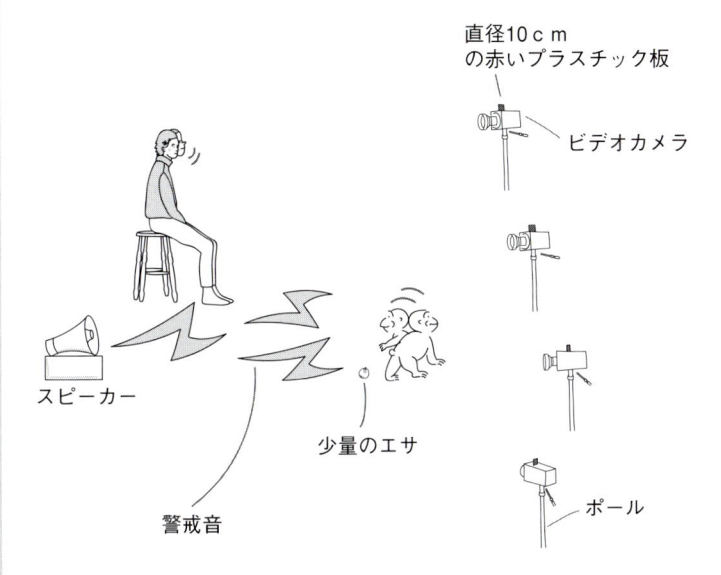

図2-2　ニホンザルの共同注視実験

サルが餌を食べに（サルとなじみのある）実験者の前に来て落ちついた頃に実験者はサルの目を見つめる。実験者の背後で，ニホンザルの捕食者の接近を告げる警戒音の録音テープを流す。サルが，実験者を見つめ，目が合ったと思うや実験者は4本のポールのいずれかを見つめる。ポールの先にはビデオカメラが取り付けてある。サルが，共同注視したか否かは，実験者の見つめたカメラにサルの顔が写っているか否かで判断できる。実験の結果，性的に成熟した5歳以上のニホンザルでは70％以上の確率で正しいポールの先を注視した。（正高，1994）

なる（板倉，1996）。チンパンジーでは，仲間が隠された餌を見つけてじっと見つめていると，そのラインを読んで餌を先に奪おうとする行動が見られるようになる。賢いチンパンジーになると，自分が見つけた餌をじっと見つめていると他の個体に奪われてしまう危険性があると考え，わざとその方向を見まいとするような態度を示すことがある（グドール，1973）。

　ヒトがチンパンジーやニホンザルと大きく違っているのは，捕食者から身を守るためでも，他の個体が取ろうとしているごちそうを奪うためでもなく，共同注視それ自体を目的とした共同注視を行うことである（図2-3）。チンパンジーやサルにとって共同注視は，たまたま同じ対象を見つめることによって，結果的に成立しているのにすぎない。彼らは，共同注視が成立していること自体には何の価値もおいていない。ところがヒトは共同注視を媒介し，それを利用することによって，コミュニケーション活動を行っているのである。このことは幼い乳児にもある程度，共同注視を行う能力があることからも理解できる。表2-1をみれば，共同注視の能力は，生後2～4カ月頃にもその萌芽がみられ，生後8～10カ月頃にはそれがはっきりしたものになり，1歳前後にはほぼ確実なものになることがわかる。

「共同化された世界」の成立と指差しの理解

バターワースとグローバー（1988）は共同注視の実験を重ね，共同注視の能力の発達には3つの段階が存在すると述べている。第1段階は，「生態学的メカニズム」による共同注視である。これは生後6カ月頃までに成立する。子どもは，正面の母親の首を回すアクションを手がかりに，母親と同じ方向に視線を向けることができる。しかし，子どもは母親の見つめている対象を探したりはしない。

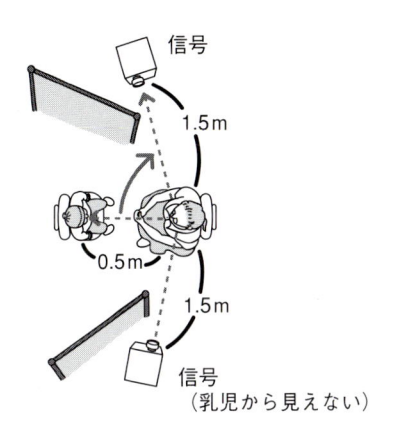

図2-3 乳児の共同注視実験
乳児の正面0.5mの所に実験者が座る。実験者の左90度1.5m離れた所と,右90度1.5m離れた所とに,乳児から見えないように設置された信号がある。実験者は乳児と目を合わせてから,黙って信号の点灯した方向に90度首を回す。そして7秒間見つめる。そして,また乳児のほうを見つめ交流する。2試行目は,20秒から50秒後,実験者は乳児と目を合わせてから,先ほどと反対側に90度首を回す。乳児が7秒以内に上や下ではなく,正しく右か左に首を回し,何かを探している様子に見えた場合に,正反応を行ったと判断した。(スカイフェとブルーナー,1975)

表2-1 2試行中少なくとも1回以上,視線を正しくたどったと判定された乳児の割合(%)
(スカイフェとブルーナー,1975)

月　齢	参加乳児の人数	正反応を示した者の割合(%)
2-4	10	30
5-7	13	38.5
8-10	6	66.5
11-14	5	100

第2段階は,「**幾何学的メカニズム**」による共同注視である。子どもは,正面の母親の頭の動きだけではなく,眼球の動きも手がかりにして母親の目線をたどり,母親の見つめている対象を見出そうとする。そのターゲットとなる対象が,子どもの視野の中にある限り,子どもはうまく母親の見つめている対象を共同注視することができる。しかし,子どもは自分の背後や視野外にある対象を共同注視することはできない。これは,生後12カ月頃までに子どもが到達する段階である。

　第3段階は,「**表象的メカニズム**」による共同注視である。子どもは,正面の母親が自分の背後にある対象を見つめても,後ろを振り返りその対象を見つめることができるようになる。

　バターワースらによれば,一般に生後12カ月前後に子どもが**指差し**を理解できるようになるのは,子どもが「幾何学的メカニズム」による共同注視ができるようになるからである。「生態学的メカニズム」による共同注視を行っている段階の子どもは,母親の見つめている対象だけではなく,しばしば指差している手それ自身にも注目してしまう。彼らには,何かを指し示す身ぶりとして指差しを理解することはできないのである。

　バターワースらの研究で忘れさられている重要なことがらが一つある。それは,ヒトが共同注視を行うのは,共通する外敵に遭遇したからでも,同じ食べ物に関心があるからでもなく,他者と分かち合える世界をもつためであるということである。ヒトは知覚する世界を共有し合っていること,それ自体に価値をおいているのである。そこが他の動物にはみられないヒトの特徴だといえるだろう。重要なのは,単に他者の視線のラインをたどり,他者の見つめている対象を見出すことではない。バターワースらは問

Topic アイ・コンタクトのテクノロジー

「心をまねるロボット」の開発を夢見る工学者の伊藤（2000）は

「心の本質として，人は他の人が『心を持っている』ことを論理的に確認する方法を持たない。従って，簡単な『心の目印』をもとに，相手が心を持っていることに『賭けて』コミュニケーションするしかない。『心』の証拠が得られるのを待っていては，決して『心を読む』ことはできないのである。……〈中略〉……，例えば，適切に言葉や相づちの交換が行われる時，また適切にアイ・コンタクトや視線の制御が行われる時，我々は相手に『心』を感じてしまわざるを得ない」(p.280)

と考え，『心の目印』の1つとして，アイ・コンタクトに着眼し，離れた人間同士がモニターを通じてアイ・コンタクトできる「アイ・コンタクト型遠対話装置」の開発を行ったりしている。以下の写真は，伊藤らのメンバーである小嶋秀樹氏が開発した共同注意（注視）ロボット Infanoid である。Infanoid は，相手の視線の検出や，自己の視線の制御を用いて共同注意を実現するロボットである。

図2-4 共同注意（注視）ロボット Infanoid
（写真提供　通信総合研究所　小嶋秀樹）

題をそのような個体の計算能力に還元してしまっているようにみえる。

ヒトの共同注視で大事なことは，親と子どもとが同じ対象に注意を向け，そのこと（同じ対象に注目していること）を両者が（暗黙にであれ）相互に認識し合い，共感し合うことなのである。母親が指で絵を押さえネーミングすると子どもが声をあげて喜ぶといった事態は，離れた対象に対する指差しの理解が始まるより約1カ月前に観察されている（**観察1**）。

世界を分かち合う力　観察1のエピソード以降，私たちと長男Uとの興味や関心を分かち合える共通世界が広がっていくにしたがって，Uが私たちの（名指しを伴う）指差しを「**身ぶり**」として理解している兆候も次第にはっきりしてくる。親は，子どもにまったく理解できないような対象（たとえばカレンダーの数字など）を指差したりはしない。指差すのは，子どもがあらかじめ知っている，しかも，その対象をめぐって親と子が共通体験を重ねているような対象である。指差されるのは，多くの場合かつて「共同注視の対象」として，二人がその対象を共に味わったことのある，二人にとって意味のある知覚対象である。親は新奇な対象を指差すわけではない。むしろ，よく知った二人の間で「**共同化された対象**」を指差し，その対象がそこにあることを，親は乳児と分かち合おうとするのである。

観察2と**観察3**が示しているのもそのことである。目覚し時計，飼い犬のケンといった対象は，母親とUとの間でこれらのエピソードの以前に，共通体験の対象だったからこそ，Uは母親の指差しを理解したのである。指差しにおいて画期的なことは，視線を読む計算能力の発達ではなく，自己と他者とが共に知覚し認識

観察1　親族の写真を喜ぶ――生後8カ月

　生後8カ月12日のUがうつ伏せでムズかっているので，私（父親）は届いたばかりの（Uの）従兄の家族のスナップ写真3枚を手にしてUの側に行く。そして，Uの左横に並んでうつ伏せになり，Uの正面30〜40cmの所に写真を縦にして提示し，写真の人物を次々に指差して「これはS君」，「これもS君」，「これはおばさん」，「これはおじさん」などネーミングをしてやる。Uは息を吐き出しまるでオットセイのような声を張り上げて喜ぶ。私は3枚の写真を何度も何度も順番に繰り返して指差しネーミングする。Uは興奮した声を「エッ，エッ」と出し，熱心に見続ける。何度も私が繰り返していると，ついにUは首を左に回し私を見つめ，目を合わせ微笑む。

(麻生，1992)

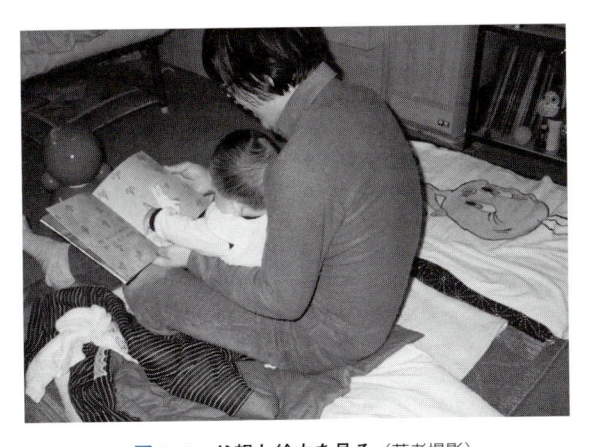

図2-5　父親と絵本を見る（著者撮影）
写真は生後6カ月5日のUが父親に『おいしいよ』の絵本を読んでもらっているところ。写真で指差しているように見えるが，これはウサギの絵をつかもうとしているところである。

を分かち合う「共同化された対象世界」が親と子の間に生まれることである（麻生，1993）。その意味で，バターワースらの研究結果は，生後12カ月頃にもなると，子どもと親との間で少々なじみのないものであっても，視線をたどることによってさまざまな対象が「共同化される」ようになることを示していると理解できる。別な言葉でいえば，この時期に「対象世界の共同化」（麻生，1992）が本格的に始まるのである。

指差しの起源　チンパンジーの赤ん坊は，生後8カ月頃になると急に，人差し指を伸ばし，その指でさまざまなものを触り始めるという（松沢，1991）。もし指差しというものを「人差し指を伸展して対象に向けること」と定義するならば，チンパンジーも指差しをするといってよいことになる。しかし，通常そのように対象を人差し指でつついたりなぞったりするだけの活動を，私たちは指差しとはよばない。それは，指が対象に接触しているからではない。

指差しには2種類ある。指先が対象から離れている「分離型」の指差しと，指先が対象に触れている「接触型」の指差しである。たとえば，マークを指で押さえ，「アッ」と発声する場合などが後者のそれである。人差し指で対象をつついたりなぞったりすることと「接触型」の指差しとの相違は，それらの活動の機能にある。つついたりなぞったりする活動は，対象に対するある種の感覚運動的活動，つまり対象を感覚したり認知したり操るための活動である。

これに対して，指差しという活動は，対象に対するそのような直接的活動ではない。その活動の主たる機能は，他者に対するコミュニケーション機能にある。チンパンジーは人差し指で対象を

観察2　指差しの理解——生後9カ月①

　M（母親）は寝床に寝ている。生後9カ月13日のUは，仰向けのMの顔を逆さから見る位置に腹ばいの姿勢でいる。Uの背後，Mの頭頂方向1mほどの所に，高さ40cmほどの整理ダンスがあり，その上に目覚し時計が置いてある。Mが寝床から時計のほうを指差し「ほら，Uちゃん，時計，Uちゃん，あれ取って」と言うと，Uは首を回し，右後方を振り返る。整理ダンスはUの左後方にある。そこで，Mが「Uちゃん，そっち違うよ，こっちよ」と腕をさらに伸ばし指差していると，UはMの指先を見て，そして次に左後方を振り返る。そしてUは目覚し時計に目をとめ，方向転換し，タンスの前まではって行き時計に手を伸ばす。しかし，手が届かず取れない。

(麻生，1992)

図2-6　指差しによって時計を見るU

観察3　指差しの理解——生後9カ月②

　生後9カ月13日のUは居間のカーペットの上に仰向けの姿勢でいる。Uの左2mの所にあるベランダに飼い犬のケンがやってきて，ガラス越しに居間の中をのぞいたりしている。M（母親）が，床に仰向けに寝ているUの胸の上を横切るように腕を伸ばし，（Uの左側の）ベランダにいるケンのほうを「ほら，ケンちゃん」と言い指差すと，Uはすぐ首を左に回して犬のケンのほうを見る。

(麻生，1992)

図2-7　指差しによって犬を見るU

押さえるという活動はできるのに，そのような活動を通じて，対象について他の個体とコミュニケーションするという習慣をもてずにいるのである。

ところが，人間の乳児は人差し指でものを盛んにつついたりなぞったりし始めるのと前後して，いわゆる指差しを始めるようになるのである（秦野，1983；山田と中西，1983）。なぜ人間の乳児だけがそのような奇妙な習慣をもつようになるのだろうか。指差しの発生・起源については，まだまだ数多くの謎が存在している。

コミュニカティヴな機能をもつ指差しがどのような形態の指差しから生まれてくるのか，2つの説がある（秦野，1983）。子どもが絵本の絵やシーツのマークなどを見つめ人差し指で押える「接触型」の指差しがまず出現するという説と，そのような指差しに先立って，大人に抱かれている際に光る電灯のほうなどを注目して腕を伸ばし指差す「分離型」の指差しがみられるようになるのだという説である。

「接触型の指差し」から「分離型の指差し」へ　　一般に生後9～10カ月頃になると子どもは，人差し指を伸ばしさまざまなものをつついたり指でなぞったりするようになる。その際，子どもは指先で触れている対象に注意を向けている。対象を手でいじくり回して認識するのではなく，このように指先で触れて認識することこそが，指差しの先駆形態となる現象なのだという考え方がある（ウェルナーとカプラン，1974）。操作するための対象ではなく，見つめ認識するための対象を彼らは「静観対象」と名づけている。彼らによれば，指差しとはそのような「静観対象」を指し示し他者と共有することなのである（図2-8）。

指先で静観対象を認識している。
（U；生後10カ月）

視覚・触覚の連合をもとに指先で静観対象を触知。

図2-8　接触型指差しから分離型指差しへ

山田と中西（1983）は，そのウェルナーとカプランたちの考えに沿って，最初の指差しを「驚き・定位・再認の指差し」と名づけている。秦野（1983）が指摘しているように，最初に観察される指差しは一般に伝達意図がきわめて曖昧である。子どもは自分が「驚いたり・興味をもったり・再認したり」した対象を，他者に対してではなく，あたかも自分自身に対して示すかのように指差し始めるのである。マシュウ（1983）も，指差しは自発的になされる割合の多いことから，最初の指差しの機能は「自己の注意を対象に向けさせる」ことであるという考えに賛同している。「接触型」の指差しが，対象への注意を集中させる機能をもつということは，直観的にもきわめて納得しやすい。

　それでは，なぜ子どもは離れた対象を指差すようになるのだろうか。シン（1900）の考えによれば，それは人差し指で興味を抱いた対象に触れて調べるという「触覚」と「注視」との協応が，興味ある対象をつかもうとして手を伸ばすという習慣を媒介にして，離れた空間にある対象にも延長されたことによる（シェイファー，1984）。つまり，子どもは離れた対象にいわば想像上の指先を延長して，対象を触知しているというのである。シンの考え方の前提になっているのは，子どもは手の届かないものもつかもうとして手を伸ばすだろうという考えである。だが，側にそれを取ってくれる人が誰もいないときに，子どもははたして手の届かないものに手を伸ばしたりするのだろうか。

指差しの発生　　指差しの発生に関するもっとも素朴な考えは，ヴントのそれである。彼は，指差しとは対象を把握しようとする活動が省略されたものにすぎないと考えた。これに対して，ヴィゴツキーによれば，子どもが手の届かないものをつかもうとして

Topic 精神間機能から精神内機能へ

ヴィゴツキー (Vygotsky, L. S. 1896-1934)は,ピアジェ (Piaget, J. 1896-1980) とならんで20世紀のもっともすぐれた発達心理学者の1人である。若くして亡くなったが今日でもその思想はまださまざまな影響を及ぼしている。ヴィゴツキー（柴田訳，1970）は文化的発達の一般的発生的法則を次のように述べている。

図2-9 ロシアの天才心理学者ヴィゴツキー

「子どもの文化的発達におけるすべての機能は，二度，二つの局面に登場する。最初は，社会的局面であり，後に心理学的局面に，すなわち，最初は，精神間的カテゴリーとして人々のあいだに，後に精神内的カテゴリーとして子どもの内部に，登場する。このことは，有意的注意にも，論理的記憶にも，概念形成にも，意思の発達にも，同じようにあてはまる」(p.212)

「指示身ぶりは，最初は他人に理解されることを運動によって指示し始め，後になってのみ子ども自身にとっても指示となるのである。このようにして，われわれは他人を通してのみ自分自身となるのであり，そのことは人格全体に対してだけではなく，すべての個々の機能の歴史にもあてはまると言うことができよう」(p.211)

「ピアジェとちがってわれわれは，発達は社会化の方向に進むのではなく，社会的関係が精神機能へ転化する方向にすすむものだと考える」(p.214)

手を伸ばすことが，それを見ている母親の目に，その対象を指し示している身振りであるかのように映り，そのように母親に解釈され応答してもらえることを通じて，子どもは自分の仕草のコミュニケーション機能に気づいていくのだという。つまりヴィゴツキーは，指差しは，そのような母の解釈活動を媒介にして発生すると考えた。このようなヴィゴツキーの考え方は基本的には正しいといえるだろう。

　だが，彼の考えには一つ不十分な点がある。それは，最初の前提として乳児が手の届かない対象に対して手を伸ばすものと考えたことである。生後1年目前半の乳児といえども，対象までの距離をかなり正確に見積ることができる。よって，乳児は，手の届かない遠い対象に手が届くと勘違いして手を伸ばしたりはしない。彼らがもし届かない対象に手を伸ばしたとすれば，それは彼らがすでに人に包囲された人間的環境に生きているからである。大人に抱かれてもいない子どもが，一人で手の届かない対象に手を伸ばしたりすることは，まずほとんどあり得ないことである。子どもが手の届かない対象に手を伸ばすようになるのは，実はそれ自体，親子の相互作用の一つの結果なのである。

　子どもが，最初に手の届かない対象に手を伸ばすのは，次の2つの状況である（図2-10）。1つは，子ども自身が他者に抱かれている状況である。もう1つは，ターゲットになる対象が他者の手につかまれているときである。いずれの場合も，子どもは「自分と対象とを隔てている距離」を他者が縮めてくれる力をもっていることを認識しているからこそ，手の届かない対象に手を伸ばすのである。

　私の息子は，生後9カ月12日，2mほどの距離から私が名を呼

【A】父親に抱かれた生後9カ月16日の乳児が、天井からぶら下げられた機械じかけのカナリヤのほうに手を伸ばしているところ。

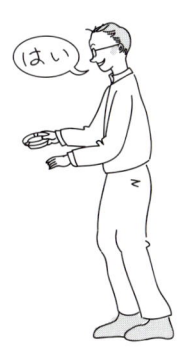

【B】床に座っている生後9カ月12日の乳児に父親が「はい」と言って灰皿を差し出し、それに応え、乳児が手を伸ばしているところ。

図2-10　手の届かないものに手を伸ばす

指差しの不思議

びかけ新奇なものを差し出すと、それに応答するように私のほうに手を伸ばしている。この日の4日後から、息子は抱いてやった際に、連れて行ってほしい方向を手で指し示すようになっている。

「手差し」と「指差し」　一般に手差しと指差しとが異なった機能をもつものであることは、よく知られている。子どもが自分のほうに来てほしい人に手を伸ばすときには、子どもは多くの場合、指差しではなく手差しを用いる。抱かれた際に、連れて行ってほしい方向を指し示すのに用いられるのも多くの場合、手差しである。手差しの場合、子どもは時として対象をつかもうとするかのように、身を乗り出すような姿勢をとるのに対して、指差しの場合子どもがそのような姿勢をとることはまずない（図2-11）。

また、母親の反応からも指差しと手差しとが違った機能をもつものであることがわかる。母親は、子どもの手差しに対してはその対象を取ってやることが多い。これに対して、子どもが指差した場合にはその対象の名を言ってやったり、子どもに「あれは何かな？」と問いかけたりすることが多くなる。

とはいえ、手差しと指差しとが似た機能を果たす場合もないわけではない。たとえば、子どもは欲しいものに対して手差しすることもあれば、指差しすることもある。コミュニカティヴな身ぶりの発生順序を考えるならば、手差しから指差しが生じてくるという考えはそれなりにもっともらしい点もあるように思われる。おそらく、子どもはまず手差しを通じて、自分の手のコミュニカティヴな機能を自覚し、ますます手差しを活用するようになるのだろう。その際、伸ばされた手が偶然に指差しの形になることも、しばしばあると考えられる。手がものをつかもうとする形ではな

【A】指差しの伴われた姿勢
実線は指示的(indicative)姿勢，破線はリーチング姿勢。

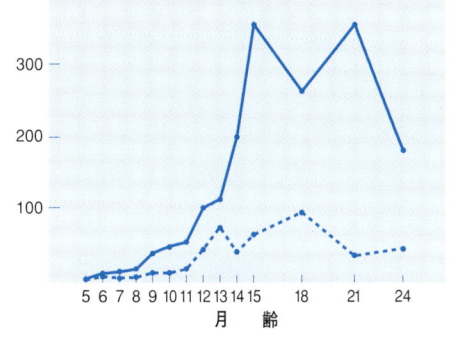

【B】手差しに伴われた姿勢
実線はリーチング姿勢，破線は指示的姿勢。

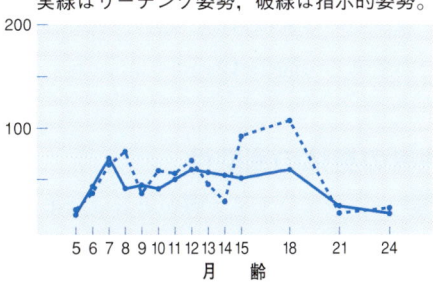

図2-11　指差し・手差しと姿勢（ロックら，1990）
140組の母子を月齢によって14のグループに分けて，それぞれの親子の身ぶりを「絵本を見る」「ジグソーパズルをする」「玩具で遊ぶ」「スライドを見る」などの4つの状況下で，5分ずつビデオで録画し，母と子の身ぶり（指差しと手差し）について研究を行った。子どもの年齢は生後5カ月から24カ月までである。ここで指差しや手差しとよばれているものは機能によるものではなく手の形態による分類である。以上のグラフは，手差しと指差しとが少なくとも形態としては異なる起源のものであること，リーチング（つかもうとする手差し）から指差しが生まれたわけではないことを示しているといえるだろう。

く，指差しの形を取っていれば，周囲の大人たちは，それに対して対象の名前を言ってやったり，手差しに対する反応とは異なった反応をする蓋然性が高いといえるだろう。おそらく，そのような中から，指差しという新しい形態が次第に新しい機能を担い始めるのである。

指差しが重要なのは，それが私たちに新しい認識世界を切り開く媒介になり得るからである。大切なのは，指差しそれ自体ではなく，指差しが切り開いてくれる世界である。その世界とは，自己と他者とが共に知覚し，その認識を分かち合う「共同化された対象世界」である。あるとき，子どもは「ほら，見て」とでも言うかのように対象を指差し，対象の認識を他者と分かち合うようになる。このとき，その対象は自己と他者の間で「共同化された対象」になったのである（図2-12）。

🔵 自己と他者の身体の同型性

他者という鏡　アルツハイマー病の患者の痴呆が進んでいくと，鏡に映る自分のことが認知できなくなり，初期には鏡像を実体視するように鏡の中や鏡の背後に人物を捜すようになり，中期には鏡の人物にものを手渡そうとしたり，鏡の人物と長く会話したりするようになり，そして最後には鏡像に対する関心をまったく失ってしまうという。鏡の自己像に「お久しぶりですね，いかがお過ごしですか」などと語りかけている患者は，自己像を現実の他者と勘違いしているのである。その意味で，彼（または彼女）は，鏡の中の人物（自己像）が自分と同じ人間であり，同じような身体をもった存在であることを前提にして活動しているといえるだろう。鏡に映った自己像を，仲間（知人）と勘違いしている

共同化された対象

☆

自己　＝　他者
基本的同型性

図2-12　「共同化された対象」と「自己」と「他者」との関係
「ほら！」と月を指差して，子どもが月を見てくれるようになれば，「月」は子どもとあなたの間で「共同化された対象」になったのである。0歳や1歳代の子どもたちと一緒に「お月見」を楽しむことはきわめて困難なことである。月を見てくれたのか見てくれていないのかすらはっきりしないのである。よって，「名月をとってくれろと泣く子かな」と小林一茶に歌われた子どもは，かなり早熟だとしても1歳半，通常であれば2歳すぎと推定される。

アルツハイマー病の患者は、自分自身を「鏡の中の人物」の仲間（知人）と思える程度には、自分自身についてまだ確かな認識をもっているといえるのである。

　他者を知ることは自己を知ることである。他者を知るためには、私たちはその他者とコミュニケートしなければならない。そして、相互にコミュニケートすれば必然的に「自己」を知り、同時に「他者」を知ることになるのである。たとえば、相撲やレスリングなどの格闘技をすることを考えてみたい。相手が「強い」と感じることは、同時に自己の「弱さ」を感じることである。逆に自己の「強さ」を感じることは、相手の「弱さ」を感じることでもある。また、にらみ合い、組んずほぐれつの闘いをしている最中に、あなたは「あなた自身の闘いぶり」を「相手の闘いぶり」の中に対象化して見ることができるのである。たとえばボクサーは、自分自身の闘っている姿を、相手の闘っている姿の中に見ることができるという。

チンパンジーの自己認知

「他者」は、現実の鏡よりも、「鏡的」なのである。いいかえれば、「他者は鏡の自己像よりも、自己に似ている」といってもよいのではないだろうか。このように考えれば、チンパンジーの自己認知についてのギャラップの有名な実験結果がよく理解できる。チンパンジーを大きな鏡のある部屋に入れてやると、最初は見知らぬ相手かと勘違いし威嚇したりしていたが、数日すると鏡の前で百面相のようなことをやったり鏡を見つつ歯の間の食べ物かすを取ったりするようになる。

　そこで、ギャラップはチンパンジーが鏡像を自己として認知していることを確かめるために、そのチンパンジーに麻酔をかけ、眠っている間に、無臭の白い塗料を耳の先や、眉の上に塗ったの

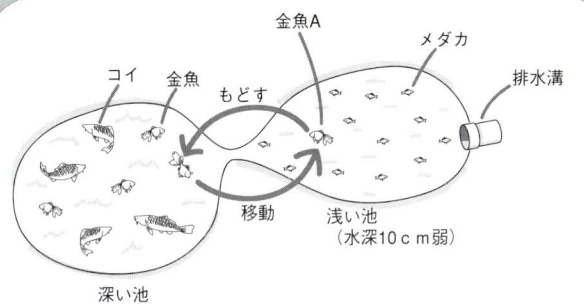

Topic 金魚の「自己認識」

図 2-13 金魚の「自己認識」についてのエピソード

　私の実家に池が2つある。1つは浅い池で，メダカが40匹ほどいる。もう1つは，深い池で4～5匹の鯉と金魚が数匹いる。1匹の金魚が雨で増水した日，浅い池に移動してしまった。金魚はメダカたちに対して横柄な態度である。金魚が少し追い回すとメダカたちはあわてて逃げる。数週間して，私が金魚を元の深い池に戻すや，その金魚（5～6cm）が体長15～16cmの鯉を追いかけ回したのである。それは直径50～60cmの半円を描くほどの短い時間のことである。だが，残りの半円ほどの間に，立場は逆転し，鯉が金魚を後ろから追い払う，通常よく見られる光景になってしまった。

　以上のエピソードは，金魚でも関係の中で「自己」を認識していることを示しているのではないだろうか。ひとつみなさんで議論していただきたい。

自己と他者の身体の同型性

である。そして麻酔が覚めてから，また大きな鏡を見せてやった。するとチンパンジーは，鏡を見て，自分の顔の塗料のついた部分を手でこすったり，こすった手に何かついていないか，においをかいで確かめたりしたのである。これが実験の前半部である。

ギャラップはさらに，生後まもなく母親から離され，飼育者もできるだけ接触しないようにして人為的に作られた孤立条件で育てた子どものチンパンジーにも同様の鏡実験を行った。すると，仲間との交流経験のまったくないこの哀れなチンパンジーは，鏡をいくら見せても，いっこうに鏡像を自己であると認知したような行動を示さなかったのである。自己を知るためには，必ずしも鏡は必要としない。しかし，交流する仲間（他者）がいなければ，関係存在としての自己（interepersonal self）を知ることは不可能なのである。なお，ヒトの乳児は生後約18カ月～24カ月にかけて，自分の鼻につけられた口紅などを鏡をみて理解できるようになる（表2-2；表2-3）。

乳児の「自己」形成

赤ん坊は生後3～4カ月頃になると，周囲の大人を見つめ「ウーウー」などと訴えたりすることが多くなってくる。それと同時に，見つめられることに非常に敏感になってくる。大人がじっと見つめるとすぐにスマイルし，首を回して視線を避けるといったことが非常に多くなる。この段階の赤ん坊は，目の前に自分を見つめる「他者」が存在していることを，「見つめられる」緊張感と，「見つめ返す」緊張感の二重性として感じることができるようになったといえるだろう。この時期に，赤ん坊は「クチュクチュ」などと言いながらくすぐってやると，それに反応してくすぐったがるようになる（麻生，1992）。このことも，「自己」が「他者」に「対峙する」ものとして形成され

表2-2 鏡による自己認知の5つの「段階」
(バーテンサルとフィシャー, 1978を省略改変)

	課題の名称	課題の内容	課題を合格する基準
第1段階	触覚的探索課題	鏡の前に座らせる。	3分以内に,自己の鏡像を見つめつつ,手で触れその像を探索する。
第2段階	帽子課題	特別製チョッキの背中に棒がさしてあり,子どもの頭の上15cmほどに棒の先の帽子がくるようになったチョッキを子どもに着せて,鏡の前に座らせる。	2分以内に鏡を見る。そして即座に自分の上の帽子を見上げ,それ(現実の帽子)に手を伸ばしつかもうとする。
第3段階	玩具課題	子どもの背後の天井から紐でつるした人形が降ろされ,子どもの視線の高さよりほんの少し上でストップする。	30秒以内に,人形の像を見つめ,そして即座に現実の人形のほうを振り返る。
第4段階	口紅課題	子どもの鼻に口紅をつける。自由遊びをさせてから,鏡の前に座らせる。	3分以内に鏡を見て,鼻に触るか,鼻に何か変なものがあると言う。
第5段階	名前課題	母親が子どもの側に立ち,子どもの鏡像を指差して「あれは誰?」と3回繰り返し尋ねる。	母親の質問に答えて,即座に自分の名か,適切な人称代名詞を言う。

表2-3 各月齢群8名(計48名)の自己認知の平均「段階」
(バーテンサルとフィシャー, 1978より作成)

月齢(8名)	6カ月	8カ月	10カ月	12カ月	18カ月	22カ月
平均「段階」	1	1.9	2.4	2.2	3.8	4.8

つつあることを示している。

　以上のような「見つめる」ことと「見つめられる」こととの相補性・二重性の中に，「われ」と「なんじ」の基本構造の種はすでに蒔かれているといってもよいだろう。しかし，この時期の赤ん坊はまだ，声を自由にコントロールすることも，手を自由に使うことも，立つことも，身体を自由にすることもできない。赤ん坊は，「自己」や「他者」や「世界」についてもっと知るためには，自分自身でもっと能動的に活動する必要がある。手を伸ばし，ものをつかむことができなければ，それが実際にどのようなコミュニケーション行為になり得るのか理解し難いといえよう。

　手や足を自由に動かせるようになると，乳児に新しいコミュニケーションの世界が開かれてくる。たとえば，私の長男Uは生後4カ月過ぎから，仰向けに寝かされている際に，米つきバッタのように，足を上に上げてはドスンと下ろし，またこれを繰り返すということを始めた。父親の私は，これにかけ声をかけてやることを思いついたのである。その結果，Uが足を落下させドスンといわせる度に，私がそれに随伴させ「ドシュン，ドシュン，……」と声をかけると，Uは私のほうを見つめ声をあげ喜ぶようになった。その2カ月後のエピソードが，観察4である。

　乳児Uは，自分の足を上げ下ろす行為が，父親の笑顔とかけ声を引き出していること，あるいは，自分が父親のかけ声に応答していることを，両者を明瞭に区別しないままに味わっているといえるだろう。とはいえ，乳児Uが，他者である父親の「積極的関わり方」＝「手助け」を媒介にして，「他者」と能動的に響き合う「自己」の「主体性（agency）」を感じ始めていることも事実であるように思われる。

観察4　新しいコミュニケーションの世界

図2-14　ドスン，ドスンとするU

　Uは生後6カ月27日である。昼過ぎ，私が仰向けのUの左横に添寝すると，Uは私のほうを見つめつつ，片足やら両足でドスンドスンし始める。そこで私は笑顔でUを見つめつつUの足の落下に完全に随伴させ「ドシュン」，「ドシュン」と声をかけてやる。Uは嬉しそうに私を見つめつつ計20回以上足をドスンドスンさせる。そこで，私はいつまで続けるのか数えてやろうと思い，「ドシュン」と言う代わりに，Uのドスンに随伴させて「イチ」，「ニイ」……「ジュウ」と10までを何度も反復して教えてやる。Uは3〜5回続けてドスンドスンしては少し休み，また3〜5回連続させるというパターンで，私を見つめつつ実に力強くドスンドスンと床を鳴らし続ける。Uは私が声を随伴させ発しているのを承知し，それを喜んでいるように私には感じられる。寝返りができるようになってから，Uが足をドスンドスンさせることは目に見えて減少していたのに，Uは50回以上ドスンドスンし続ける。それ以上数えるのは，私のほうが疲れてやめてしまう。

(麻生，1992)

自己と他者の身体の同型性

生後7〜8カ月頃になると,「自己」と「他者」との認識に新しい地平が開かれ始める。その新しい認識は,次の2つの形にまとめることができる。これらは,ほぼ同時に観察される。
① 子どもは自分のものに対する行動が,同時に他者の反応（介入）を引き出すある種の対人行動（広義のコミュニケーション行動）としても機能することに気づき始める。
② 他者という存在がものを能動的に操り,出来事に能動的に反応する**行為主体**（agent）であることを認識し始める。

　これらを図で示したのが**図2-15**である。すべてではないにしろ多くの場合,これら2つの認識は同時に伴われている。とりわけ②の認識が存在すれば,必ず①の認識は生まれるといってよいだろう（なぜそういえるのかぜひ考えてみてください）。私は以上のような対物行為や対人行為に対する認識のレベルを,「**行為の共同化**」とよぶことにしている。それは,ものに関わる行為が,単なる純粋な対物行為ではなく,自己と他者との間で「分かち合われる」行為,つまり「**共同化された行為**」として認識され始めているという意味である。**観察5**は,①に関する,**観察6**は,②に関するエピソードである。

子ども（自己）の身体と親（他者）の身体

　乳児は,どのようにして自分の手や口や目が,他者の手や口や目と同じようなものであることを理解するのだろうか。つまり,自分の身体が基本的に他者と同型的であることを,いつ頃どのようにして理解するようになるのだろうか。子どもが自己の身体を,他者の身体との同型的なものとして認識していく際の手がかりとなる事柄がいくつか存在する。
　①生活環境の同一性,②生理的身体機構の同一性,③情動的

【A】

対象
行為 ← 👁 他者
自己

【B】

対象
自己 👁 → 行為
他者

図 2-15　行為の共同化
A：自分の対物行為が他者へのコミュニケーション行為として機能することへの気づき。
B：他者が物を能動的に操り，出来事に能動的に反応する行為主体（agent）であることへの気づき。

観察5　行為の共同化①──他者のまなざしの意識

　Uは生後8カ月8日である。私は，座位のUの足の間にパズルボックス（木製立方体型）を置いてやり，左1mほどの所に立って黙ってUの様子を見る。Uはボックスに手を突っ込み中の積み木をつかんでは，顔を上げて私のほうを見る。このようなことが数回ある。Uは，側で私が見ていることをよくわかっている。
（麻生，1992）

観察6　行為の共同化②──行為主体としての他者の意識

　Nは8カ月2日である。（Nの叔父である）私が座位のNの正面で相手をしている。新しいショートホープの箱をNに与えた後，私が箱を取り上げるや，Nは箱を見つめ泣き顔で「ウッウー」むずかり始める。箱を手渡すと，けろっと機嫌が直り箱をかじりつつ私を見つめる。私が箱をふたたび取り上げ，「N君，はいここだよ」と床の上に置く。Nはむずかり声をあげつつ箱の動きを目で追い，箱が床におかれるや，手を床につき箱に手を伸ばす。私が箱の上にタオルをかぶせる。Nは箱を見失い「ウー」とむずかり声を出し泣きかけ，次に顔を上げて正面の私の顔を見つめ「ウェアー」と激しく泣き出す。事態の責任者をよく理解しているようである。私が「おじさんのほうを見て，そんなこわい顔をして」とタオルをめくると，煙草の箱を目にするやすぐさま泣きやみ箱に手を伸ばす。
（麻生，1992）

自己と他者の身体の同型性

コミュニケーションの対応性，④大人による子どもの模倣，⑤自他の活動の機能的類似性，⑥身体部位の知覚的類似性，⑦相互模倣的やりとりにおける役割の交換可能性。以上主要な7つの手がかりについては，表2-4においてその内容を簡単に説明した。これ以外にも，教育的あるいは文化的なトーンの強い手がかりとして，さらに3つの手がかりを付け加えることができる。⑧道具の使用：櫛やスプーンや帽子といった道具などの用い方の学習から，自己と他者の身体の対応性を学ぶことができる。⑨手遊び：「チョチチョチアワワ・オツムテンテン・イナイイナイバー」などの手遊び（芸）も，身体部位の対応を子どもに教える伝統的な教育法の一種と考えることができる。⑩身体部位の名称：「オメメ」，「オテテ」，「オクチ」などのことばで直接に自他の身体の対応性が教えられることがある。

　以上に子どもが「自己」を「他者」と同型的な存在として「自己」を形成していく際の手がかりとなる事柄を列挙してきた。これらの①〜⑩の手がかりは，生後1年目の発達のコースに沿って，基礎的なものから発展した複合的なものまで順序だてて並べたものである。「他者」と同型的な身体図式を獲得できずにいる発達障害の子どもたちへの療育的援助を考える際には，子どもたちの状態に応じて，対応する手がかりの機能を強化するような働きかけや援助が重要だといえるだろう。

子どもたちの模倣行動

①〜⑩の手がかりがあったからといって自動的に「他者」と同型的な「自己」なるものが形成されるわけではない。しかし，逆に⑤「結果の模倣」や⑦「相補的なゲームにおける役割交換」や⑧「道具の使用」や⑨「手遊び（芸）の習得」や⑩「身体部位の名称の獲得」などがどの程度達

表2-4 自己と他者との同型性認識のための手がかり

1	生活環境の同一性	衣食住など同じ生活環境で生活リズムを共有しながら暮らしていることが，自他の同型性の認識を生み出す大切な基盤である。
2	生理的身体機構の同一性	私たちは生理的にはほぼ同型の身体構造をもっている。生活を共有する中で，この身体構造を基礎にして，環境に対して同じ生理学的な反応をする身体が形成される。
3	情動的コミュニケーションの対応性	微笑みに微笑む。目と目を合わせる。声に声で応答する。私たちは対応する同じ器官でコミュニケートする存在である。表情や気分が共鳴し合う情動調律とよばれることがらも，これに含めることができる。
4	大人による子どもの模倣	子どもが大人の模倣をするより，はるかに頻繁に大人は子どもの模倣をする。大人は子どもの行為を映し出す「生きた鏡」として機能する。
5	自他の活動の機能的類似性	行為の結果の類似性や同一性から，自己と他者との類似性が理解できる。たとえば，親がピアノを鳴らすのを見て，子どもも鍵盤を鳴らしたとしよう。鍵盤を鳴らすという「同じ結果」を生み出したことを手がかりに子どもは「自他の身体の同型性」について学ぶことができる。
6	身体部位の知覚的類似性	手や足は，大きさは違っても，大人も子どもも似た形態である。この他にも，髪の毛や歯や舌などは，触覚的に類似性が知覚できる。
7	相互模倣的ゲームにおける役割の交換可能性	生後6～7カ月頃になると，乳児と大人の間で交互に机をたたくという相互模倣的やり取りが成立する。これが発展したものとして，ボール転がしのように転がす者と受け手という相補的役割が存在するゲームもある。行為や役割の交替から，ゲームにおける役割存在として，自己と他者とが等価な存在であることを認識することができる。

成されているかをみることによって，子どもの内部でどの程度そのような体制化が成し遂げられているのか，ある程度読み取ることは可能である。直接的な指標は子どもたちの**模倣行動**である。それらをみれば，子どもたちがどの程度「自他」を同型的なものとして組織化しているのかはっきり理解することができる。

表2-5は，ピアジェ（1945）が自分の3人の子どもの観察から明らかにした模倣の発達をまとめたものである。ピアジェは**表象的な知能**が始まる，生後1年半ほどの期間を**感覚運動知能**の時期と位置づけ，これを6つの段階に区分している。模倣の6つの発達段階もこの知能の発達段階に対応させたものである。

これをみるとおおよそ1歳頃から，自分には見えない身体部位に関わる仕草や動作を次第に模倣できるようになっていくことが理解できるだろう。私の長男Uもこの時期に，自分には見えない身体部位に関わる模倣を始めている。生後11カ月19日には，私がヒゲを剃っているのを模倣して電源をオフにした円筒形の電気剃刀を自分の鼻の下に押しつけている。11カ月23日には，Uが私の髪にヘアブラシを当てようとするので，私が黙ってUの頭のほうを指差すと，Uはブラシを自分の髪に当て引っ張っている。11カ月27日には，私のまねをしてガラガラを自分の頭の上に載せようとして，側頭部にガラガラを押しつけている。

そして1歳を過ぎると，子どもはさまざまな模倣行動を示し始める。私の観察したNは，1歳3カ月になると大人の模倣が頻繁になっている。たとえば，1歳3カ月6日のとき，父親が家の中でゴルフの素振りのまねをすると，Nは両手をつかみ合い，左の肩から右の肩へ動かし（見えないクラブを）振るまねをしている。

表2-5 模倣の6つの発達段階（ピアジェ，1945）

段階	発達段階	模倣の内容
第1段階	反射による準備	T（生まれた日以来）他の赤ん坊といっせいに泣く。
第2段階	散発的模倣	反射シェマは「分化した」循環反応の形をとることになる。散発的ではあるが自分が今発したばかりでない音，自分の出せる音を，かなり正確に模倣できるようになる。
第3段階	単純な第2次循環反応の模倣	自分自身が自発的に行っている手の運動を模倣する。T（0;4,5）は親指を立ててながめ，揺り動かしている。この動作をピアジェがやってみせたところTは模倣した。L は（0;7,5）以降，日頃しばしば循環反応として自分が行っている，クッションをひっかく動作を行為した。
第4段階	レパートリーにあるが自分から見えない運動の模倣	生後8〜9カ月に始まる第4段階の知能は，シェマの相互協応によって特徴づけられる。そのような協応によってシェマの可動性が増し，「指標」のシステムが組み立てられる。そこから見えない動きの模倣が可能になる。J（0;8,7）特殊な唇の音を「指標」にして唇の運動を模倣する。
第5段階	レパートリーになく自分からは見えない新しい運動を組織的に模倣	第3次循環反応が現れる。つまり「実験による新しい手段の発見」が可能になる。新しいモデルの模倣が組織的にしかも正確になされるようになる。J（0;11,11）は，ピアジェが手を髪の上にのせてみせると，手をあげどこに手をやればよいのか探すそぶりをみせた。（0;11,30）にはピアジェが髪を引っ張ると，すぐさま模倣した。頭を触ることもただちに模倣。
第6段階	延滞模倣，表象の前兆となるような模倣	実在する人物の模倣。J（1;4,3）は，訪問していた1歳半の男の子がベビーサークルから出ようとして足を踏みならし激しく泣いたのを仰天して見つめてから，12時間以上たった翌日，自分のベビーサークルを動かそうとして泣き叫び足を踏みならした。J（1;6,23）は，グラビア雑誌の中の小さな男の子が口を丸く開けている写真をじっと見つめ，我を忘れたようにそれを模倣した。

注：T，L，Jはピアジェの3人の子どものイニシャル，(x;y,z)はx歳yカ月z日を示す。

自己と他者の身体の同型性

1歳3カ月27日には，Nは海岸の砂浜で見知らぬ男の人が相棒に，サーフボードのどこに立てばよいのかモデルを示し指導しているのをじっと見つめ，二人が去るや，サーフボードの先ほど人が立っていたのとほぼ同じ位置に立っている。また，この日は父親のまねをして鼻くそをほじくることを覚えている。1歳4カ月5日には，私がビデオカメラのビューファインダーをのぞいていると，Nは側のソファーの上に立ち首を傾げファインダーをのぞき込んできている。

　このように「他者」と同型的な存在として「自己」を組織化することは，生後1年目の終わりから2年目の初めにかけて子どもが達成する大きな偉業の1つであるといえるだろう。重要なことは，「自己」と「他者」とが基本的に同型的な存在として構成されるようになる（これは「模倣」から理解できる）のと同時に，そのような「自己」と「他者」との間で分かち合って認識される「共同化された対象世界」が成立する（これは対象を共感的に叙述するような「指差し」や「ネーミング」や「ショーイング」などから理解できる）のとが同時期だということである（麻生，1987；1992）。また，この時期，子どもは「他者」と同じことをやりたい，「他者」と並びたいという欲望をもつようになる。この3つの事柄が，ほぼ同時期にみられるようになることを図示したのが図2-16である。

図2-16 「おい！ぼくにものぞかせてくれよ！」という心の発生
1歳の誕生日前後に以下の3つが達成される。①「共同化された対象」の成立，②同型的「自己」と「他者」の成立，③「他者」と同じことをやりたいという志向性の形成。よって「他者」が節穴から見つめている「対象」が存在することを理解し（①），「他者」の「見つめる」という行為を，自己にも可能な行為として把握することができ（②），その行為を自分も行いたいという願望が生まれる（③）。

自己と他者の身体の同型性

●●●● 参考図書

麻生　武　1992　身ぶりからことばへ──赤ちゃんにみる私たちの起源　新曜社

　著者の長男の生後1年間のコミュニケーションの発達の観察から，ことばとしての身体が生まれてくるプロセスを論じた観察研究。

竹下秀子　2001　赤ちゃんの手とまなざし──ことばを生みだす進化の道すじ　岩波科学ライブラリー

　モノの操作の発達などヒトとチンパンジーの類似点と相違点を比較しヒトの赤ん坊の特性を明らかにしている。

ピアジェ　P．　谷村　覚・浜田寿美男（訳）　1978　知能の誕生　ミネルヴァ書房

　20世紀の発達心理学のみならず心理学全体にも多大な影響を与えた画期的な書物。ピアジェは発生学的認識論の立場から，徹底的に3人のわが子を観察している。

山田洋子　1987　ことばの前のことば──ことばが生まれるすじみち1　新曜社

　母と響き合う中で成長する赤ん坊の姿を縦断的に描き出したわが国初の本格的観察研究。

「いま・ここ」の世界を越え始める

　ヒト以外のほとんどの動物たちは「いま・ここ」の世界に生きている。彼らの関心は，常に今，目の前に開かれている知覚世界に注がれている。彼らは明日に思いを巡らしたり，過去を回想したり，今知覚している現実の背後に「目に見えない存在」を空想したりはしない。確かに，ヒトにもっとも近い野生のチンパンジーは木の枝を100m以上も運び，蟻塚で道具として活用するなど，「いま・ここ」の世界を離陸しかかったような兆候を示すこともある。しかし，そのような未来展望も，しょせん「いま・ここ」の環境世界が可能性として提供する範囲内に留まっている。それは「いま・ここ」に対する実践的関心から生まれた未来展望にすぎない。そこには，ヒトの生活を特徴づけている「空想」や「物語」の入り込む余地がまったくないのである。

● **おかあさん**
　（Y:3歳1カ月21日）

● 象徴的世界の誕生の予感

動作的表象としての「ふり」　道具を慣用的に使用できるようになることは，道具というものを媒介にして，「自己」と「他者」とが部分的にではあれ同型的なものとして機能し始めたことを意味している。私の長男Uは，生後7カ月23日に，飲み飽きて手にした哺乳瓶の底をなめたりしてもてあそんでいた際に，添い寝していた母親に「お母さんにちょうだい」と口を大きく開けて要求され，哺乳瓶の乳首を母親の口に突っ込んでいる。他者にものを食べさせたり飲ませたりしたのはこれが初めてである。哺乳瓶という道具を媒介に，Uの「口」と母親の「口」とが結びつき始めたのである。哺乳瓶やコップや食器やスプーンや食べ物などは，子どもが「他者」と共に知覚できる対象である。これらの諸対象を介した食事のやりとりを通じて，子どもたちは「自己の口」と「他者の口」との特殊な対応関係を学んでいくと考えられる。このような「口」概念の獲得プロセスをまとめたものが表3-1である。

　Uが初めて，人形に食べさせるまねのようなことを行ったのは，生後10カ月23日のことである。Uは，スプーンを自分の口に入れたり「あーん」と口を開ける母親の口に突っ込んだりしていた際，モデリングなしに自発的に，15cmほどのゴム製のネコの顔にスプーンを押しつけたのである。

　そして生後11カ月半ば過ぎ頃からは，空のコップやスプーンを人形の口の辺りに押しつけ唇を「パッパッパッパ」と無声音で鳴らし，人形に食べさせたり飲ませる「ふり」を行うようになっている。Uは自分の口にスプーンを運んだ際にも，唇を「パッパッパッパ」と無声音で鳴らしている。自分が「食べる」のも，人

表3-1 生後1年目における乳児Uの「食べさせる」という
コミュニケーションの発達 (麻生, 1990)

期間	ま と め
第Ⅰ期 7カ月23日より	**誘導された「食べさせる行為」の発生**：母親が口を開けて催促すると手にしていた哺乳瓶の乳首を母の口に入れる。人に飲ませるという行為が初めて観察されたものの定着せず。
第Ⅱ期 8カ月20日頃より	**自発的な「食べさせる行為」の成立**：大人が玩具を口にくわえて音を鳴らしたり、パクパクと食べる真似をしてやることから、手にしているものを他者の口に差し出すスキルを完全に習得する。初めて固形の食べ物を人に食べさせるようになる。Uと父親がUのイニシアチブで交互に哺乳瓶の果汁を飲むといった新しいタイプのやり取りが初めて観察される。
第Ⅲ期 10カ月2日頃より	**「食べさせる行為」の社会的研究**：人に食べ物を差し出す場面でも、相手が父親か母親かでUの態度が異なるようになる。実際に相手に食べさせるのが目的ではなく、相手に食べるまねをさせたり、相手をからかうのが目的になる。相手が食べようとするとわざと手を引っ込め自分で食べ嬉しそうにしたり、相手に食べさせてそれをじっと観察したりする。自分の口の中のものをつまみ出し他者の口の中に入れることができるようになる。食べ物を媒介にしてUは自己と他者との「口」の機能的同型性を理解しつつある。
第Ⅳ期 10カ月30日頃より	**「人に食べさせる」というコミュニケーション行為の成立**：人が食べているのを見て欲しがるという傾向がますますはっきりしてくる。また、同時に食べるまねを人にさせたり、人をからかい意地悪をしたりするために食べ物を差し出すことがほとんどなくなる。人に食べさせることが、その人との関係に影響を与えるコミュニケーション行為として機能し始める。対人的緊張を緩和させたり、挨拶のためであるかのように来客に食べ物を差し出すようになる。
第Ⅴ期 11カ月19日より	**「食べさせる」ふりの成立**：スプーンで食べ物をすくい母親に食べさせる。ぬいぐるみの人形に洗濯ばさみを差し出し、パッパッと口を鳴らし人形に食べさせるふりをする。絵本の食べ物の写真をつまむまねをし自分の口に持っていき食べるまねをする。自己の「口」と他者の「口」との同型性をほぼ認識するようになったといえるように思われる。

象徴的世界の誕生の予感

形が「食べる」のも，ともにスプーンを「口」に運び，唇を「パッパッパッパ」と無声音で鳴らす行為によって表現されているのである。ここで行われているような「ふり」は，いわば，「身ぶりことば」のような「ふり」である。

抽象的カテゴリー的な世界へ　コップが飲むための道具であることを理解するには二通りの方法がある。1つは，のどが渇いた時にコップから水を飲むという理解の仕方である。これは，具体的で実践的な知である。もう1つは，のどが渇いていない時に，空のコップをコップとしてカテゴリー的に理解することである。

ゴールドシュタイン（1947）によれば，失語症の患者は，ワインの栓抜きと，一旦抜かれ栓がふたたび軽くはめられたワイン瓶とを「ペアになるもの」として理解できないという。それは，患者が実践的で具体的な世界に閉じこめられ，実践から一歩身を引いた抽象的カテゴリー的な態度がとれないためである。空のコップで飲む「ふり」ができるようになった乳児は，そのような抽象的カテゴリー的な世界へ一歩足を踏み出したといえるだろう。それは，動作による表象といってもよい。絵本のミカンの写真を空つまみして口にもっていき，食べるまねをする乳児は，写真の対象が，食べ物であることを，その動作を通じて表象しているのである。この種の「ふり」を私は「動作的表象としての『ふり』」と名づけている。

この種の「ふり」は1歳過ぎ頃になると数多くみられるようになる。空のコップで飲むまねをする，ヘアブラシを頭に当てる，受話器を耳に押しつける，電気剃刀を自分の顔に押しつけるなどの行為も，それらが実践的で実用的な行為ではないという意味で，当然「動作的表象としての『ふり』」とみなすことができる。

Topic 「抽象的カテゴリー的態度」の欠落のさまざまな例

　ゴールドシュタイン(1947)は脳損傷者・失語症患者に欠けているのは抽象的カテゴリー的態度であると考えた。以下に示すのはそのような態度を欠いた患者が示した諸行動・諸反応である。

① のどが渇いた時にはコップの水を飲むことができるが、のどの渇いていない時には、飲むように指示されても飲むことができない。まして、空のコップで飲むふりをすることはさらに難しい。モデルを示してもそれを模倣し飲むふりをすることができない。

② 金づちで木の板にくぎを打つことはできる。しかし、くぎをなくして、くぎがあるものと考えて金づちでくぎを板に打ちつけてくれと指示しても、それができない。

③ 赤い色の毛糸を選ぶように言われると、健常の人はいろいろな明度や彩度をもったさまざまな色合いの赤系の毛糸をすべて選び出すことができる。ところが患者は、しばしば「バラのような赤」とか「イチゴのような赤」などと個別の色を指し示すことばとしてのみ「赤」ということばを用いる。赤い色の毛糸を選択するように指示されても、特定の「赤」に固執しそれとまったく同一か非常に似かよったものしか「赤」として選択できない。

④ 動物の名を列挙するように指示されてもすぐに言えない。ようやく言い始めたが、それは現実のある動物園の中を散策する順番に動物の名をあげてのことであった。具体的場面をイメージして初めて動物の名を列挙したのである。

象徴的世界の誕生の予感

また，このような単純なものだけではなく，少し複雑な「動作的表象としての『ふり』」も存在する。Nは1歳5カ月29日，絵本の中で男の子が両手を上げてバンザイをしているのを見て，同じように両手を上げている。1歳6カ月3日には，子どもが水道の蛇口で手を洗っている写真を見て，両手をこすり合わせている。どちらの例も特別に教えたわけではない。ピアジェの娘のJも1歳6カ月23日に男の子がポカンと口を開けているグラビアを見て思わず模倣している（表2-5参照）。ある時期の子どもたちは，見たものを理解するためには「動作的に表象」してみる必要があるかのようだといえよう。人間の家庭で育てられたチンパンジーのヴィキも図3-1のような「動作的表象としての『ふり』」を示している（4章参照）。

自閉症の子どもたちの「ふり」

　現在ほとんどの場合，自閉症の診断は，アメリカの精神医学会の出している「精神疾患の統計と診断の手引き第Ⅳ版」（DSM-Ⅳ）にもとづいてなされている（p.85のTopic）。この「自閉性障害」の診断基準を見れば，0歳代や1歳代で「自閉性障害」であると確定した診断を下すことがかなり難しいことがわかる。それは，診断で問題にされている，ことばや身ぶり，仲間関係や社会的相互作用，想像遊びやごっこ遊びが，通常1歳半前後から大いに発達し始めるからである。発達が単に遅れているのではなく，「自閉性障害」であるとDSM-Ⅳによって診断を明確に下すためには，ある程度，運動発達や認知発達などが進み，それに相応することばや対人的やりとりやコミュニケーションの発達が期待される状態になっている必要があるといえる。とはいえ，「自閉性障害」の兆候は，0歳代後半にも認めることができる。

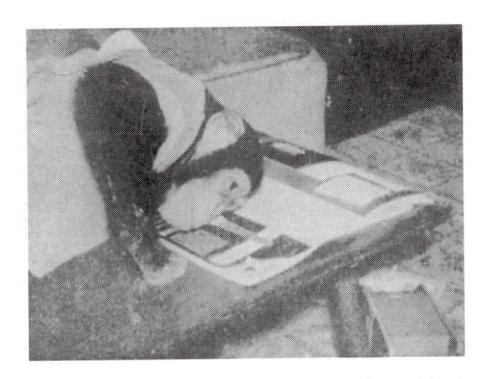

図3-1 時計の絵に耳をあてるチンパンジーのヴィキィ
(ヘイズ, 1951)

ヴィキィは「お聞き！」と指示されると，片方の耳を一番近くの腕時計に近づけることができていた。このことを考えると，この写真は，「動作的表象としての『ふり』」を媒介にしたヴィキィの時計というカテゴリーの判断が可能であったことを示していると考えられる。

図3-2 歯を見せてほがらかに笑うヴィキィ
(ヘイズ, 1951)

象徴的世界の誕生の予感

健常の子どもたちは，1歳前後に，知覚された対象を他者と共有し，自己を他者と同型的な存在として組織化し，他者のしていることを自分でもやりたがるようになることを前章で述べた。ところが，これらはすべて，自閉症の子どもたちが苦手にしている事柄なのである。多くの研究が指摘しているように，自閉症の子どもたちは一般に，「共同注視」や，「共感を求める叙述的な指差し」や，「模倣」を苦手にしている。

　後に自閉症と診断された子どもたち11人の1歳の誕生パーティの際に録画されたホームビデオと，健常の子どもたち11人の1歳の誕生日の同様のビデオとを，分析し比較検討した興味深い研究がある（オスターリングとドーソン，1994）。それによると，後に自閉症と診断された子どもたちには，「指差し」，「モノを人に差し出す」，「他者を見つめる」，「名前に反応する」といった諸行動がみられないという共通点が見出された。このような研究からも，自閉症の子どもたちの多くが，健常の子どもたちが通常1歳前後で足を踏み入れていくコミュニケーションの世界の手前で，立ち往生していることが理解できる。

想像的な遊び・ごっこ遊び

　自閉症の子どもたちが苦手にしていることがもう1つある。それは想像的な遊び，自発的なごっこ遊びの領域である。とはいえ，彼らは「ふり」や象徴遊びとよばれていることをまったくしないわけではない（ルイスとブッチャー，1988）。彼らが苦手にしているのは，後に述べる「記号行為としての『ふり』」や「象徴行為としての『ふり』」であって，「動作的表象としての『ふり』」ではない。たとえば，健常の乳児は1歳前後の頃，大人が絵本の食べ物の写真などを手でつまみ口に運び「モグモグ，あーおいしい」などと食べまねをしてやると

Topic　DSM-Ⅳによる自閉性障害の診断基準

　患児は以下のA，B，Cのすべての条件を満たした場合,「自閉性障害」をもつものと診断される。

> **【A】** 次のⅠ，Ⅱ，Ⅲのリストにおいて，**全体として少なくとも合計6つの該当する項目がある。ただしその際，Ⅰの項目を2以上，Ⅱ，Ⅲの項目をそれぞれ1以上含むものとする。**
> Ⅰ．社会的なやりとりの障害（少なくとも2つ）
> 　①アイ・コンタクト，表情，姿勢，身ぶりなどの，さまざまな非言語的行動をとおして社会的相互作用を調整することに著しい障害がある。
> 　②発達水準にふさわしい仲間関係がみられない。
> 　③自分の達成や，関心や，喜びをすすんで他者と分かち合おうとすることがない。
> 　④社会的あるいは情動的な相互性が欠如している。
> Ⅱ．コミュニケーションの障害（少なくとも1つ）
> 　①話し言葉の発達に遅れがあるか，まだ出現しておらず，しかも，患児はそのことを身ぶりで補おうとはしていない。
> 　②話せる患児の場合，会話を始めたり維持する能力に著しい障害がある。
> 　③ことばが，反復的か，型にはまっているか，あるいは独特で風変わりである。
> 　④発達段階にふさわしい，社会的な模倣遊び，あるいは自発的なごっこ遊びがみられない。
> Ⅲ．反復的で，狭く限定され，そして型にはまった活動や行動や関心（少なくとも1つ）
> 　①狭く限定され型にはまった関心ごと（たとえば，物をクルクル回すなど）に異常に（強い強度で）心を奪われる。
> 　②意味のないようにみえる日頃のやり方やしきたりをかたくなに守って行動する。
> 　③反復的で，型にはまった常同行動（たとえば，手をひらひらさせるなど）がある。
> 　④物の部位への固執。
>
> **【B】** 3歳までに，以下の3つの領域の1つまたは2つにおいて発達の遅れあるいは異常を示す。
> 　①社会的相互作用。
> 　②社会的コミュニケーションに用いられることば。
> 　③想像あるいは象徴遊び。
>
> **【C】** その症候は小児崩壊性障害やレット症候群などによってよりうまく説明されていない。

（モリソン，1995より私訳）

大いに喜ぶものである。そして，急速にこのような「ふり」(「動作的表象としての『ふり』」) をわがものにしていく。自閉症の子どもたちもこれについては同様である。

　ある程度，力をつけてきた4〜6歳の自閉症の子どもたちは，療育者がこのような関わり方をしてやると，大いに喜び，自分でも絵のクッキーや食べ物をつまんで食べるまねをしたりすることがある（麻生，1998b）。

　また自閉症の子どもたちは，事物の形象的側面（つまり形や姿）に独特のこだわりと好みをみせることがしばしばある。よって，本物の料理に強い好みのある子どもは，どこか本物の料理に似た「ままごと」にも強い関心を示したりする。

　たとえば缶ジュースを偏愛している自閉症の子どもは，図3-3に示したように三段のボックスを自動販売機に見立てたりする（観察7）。大工セットの円柱の形が「缶ジュース」に似ており，「缶ジュース」のイメージを連想させることを，J君は楽しんでいるのである。しかしJ君は，円柱を大工セットの円柱として理解したうえで，それを意図的に缶ジュースの「コーヒー」に見立てることを楽しんでいるわけではない。まだそこには，「これは『うそっこ』だ，『ふり』だ」といった意識はまったくみられない。むしろ，独特の（形態に規定された）リアリズムや，ステレオタイプな行動様式が遊びを支配している。

延滞模倣＝記号行為としての「ふり」　子どもが目の前の対象が何であるか理解するために，あるいはその形態の中に潜むイメージを喚起するために，その対象やイメージにふさわしい行動を仮に行ってみるような「ふり」が，「動作的表象としての『ふり』」であった。このようなレベルを越えて，それが「ふり」で

観察7　自閉症のJ君（4歳4カ月）の自動販売機

　Jが「トントン大工さん」のセットの円柱を手にして急に「コーヒー」と言い，Thの口のほうに円柱を差し出し押しつけようとする。Thは円柱の缶コーヒーを飲むまねをしてやる。すると，Jはさらに何か思いついたように三段ボックスのままごと棚の前に行き，棚に並べてあるままごと道具をすべて掻き出し，床に落としてしまう。そして，空っぽの三段ボックスの上段の棚の奥に円柱2本とワンダーミルクの哺乳瓶1本とを並べて置く。そして，「自動販売機」と言う。Thがこれを模倣するとJはThのほうをふり向く。Thは「お金を持ってきました」と言い，三段ボックスの前で「ガチャン」と言い見えないコインを入れる仕草をしてみせる。Jは，床から胡椒瓶の白いコイン大のふたを拾い，「オカネ」と言う。Thは「お金やね，どこ入れよか」と言う。Jは少しきょろきょろして，三段ボックスの左側から，ボックスと後ろの壁面との隙間に胡椒瓶のふたを突っ込み落とす。そして，上段の棚（三段目）に（立てて）置いてあるトントン大工の円柱1本を手にして，それを最下段の棚に横倒しの形に置く。次にそれを拾い，「コーヒー」と言ってうれしそうにThに差し出す。Thはこれを受け取り飲むまねをする。Jは缶ジュースが大好きである。Jが自動販売機にコインを入れ缶ジュースが下から出てくるシーンを三段ボックスで再現したことは間違いない。これも彼の高い形象的な把握能力に支えられた「動作的表象による『ふり』」とみなすことができる。

（麻生の観察ノート）

コショウ瓶のふた

図3-3　J君の自動販売機

象徴的世界の誕生の予感

あることを意識したうえで「ふり」がなされるようになるためには，子どもたちは「ふり（飲むふり）」と「ふりの元になっている活動（実際に飲むこと）」との間の独特の記号的な関係について気づいていかなければならない。つまり，「ふり（記号）」そのものと「ふりが示しているもの（記号が指示している出来事や対象）」との間の隔たりが意識化される必要がある。その最初の兆候が延滞模倣なのである。そのようにとらえた時，延滞模倣は初めて，ピアジェ（1947）やワロン（1942）が指摘しているように，表象を準備する活動として位置づけられる（麻生，1996b）。

　1歳半前後になると，子どもは数時間前の出来事を再現するような模倣を示すようになり始める。それがいわゆる延滞模倣とよばれる現象である。それは，単なる遅延した観察学習ではない。モノの新奇な扱い方を観察して，24時間後に，その操作を再現したとしても（Topic）それは単なる延長された観察学習であって延滞模倣ではない（麻生，1996b；1997）。

　延滞模倣は，対象の操作に関わるよりは，他者の活動や身体の動きや姿勢などに関わっている。たとえば，その有名な例がピアジェの娘Jが1歳4カ月3日にベビーサークルを揺り動かし，泣き叫び足踏みして，12時間以上前に見た状況を再現したエピソードである（表2-5の第6段階を参照）。そこには，身ぶり表現の萌芽のようなものがかすかながらも存在している。いいかえれば，それはオリジナルと模倣との関係が，指示対象と記号との関係に進化していく最初の兆候である。

　私の観察した乳児Nは，1歳6カ月9日に庭で花火をした際に大人たちが手を打ち合わせ蚊をとっていた行為を，室内に入ってきてからまねている（観察8）。さらに私の長男Uも1歳4カ月

Topic 生後9カ月児にも延滞模倣が可能なのだろうか？

【実験手続き】 メルツォフは，生後9カ月児を対象に「延滞模倣の実験」を行った。被験者は60名，実験は，小部屋で行われた。子どもは親の膝の上に座り，実験者はテーブルをはさみその正面に座る。

【刺激対象】 刺激となるモノは3種類ある。1つ目はL型になった蝶番で接続された2つの長方形の板である。手本の行動は，この垂直の板を土台の大きな板に重なるように水平に倒すことである。2つ目は，小さな升型の黒い箱が取り付けてある。手本の行動は，この箱の中側の側面に取り付けてあるボタンを押すことである。ボタンを押すとブザーがなる。3つ目は，オレンジ色のプラスチックのタマゴである。横から2つに割れるようになっており，振ると音がするように中に金属ナットが入れてある。手本の行動は，タマゴをつかみ上げ振ることである。

【被験者と手続き】

① 模倣群は24名。子どもは，「蝶番曲げ」・「ボタン押し」・「タマゴ振り」という手本の行動をそれぞれ20秒間に3回ずつ見せられる。モデリングを見せられて24時間後に，子どもたちは3つの刺激対象をそれぞれ20秒ずつ自由にする場面が与えられる。その際，手本と同じ行動が見られたか否かが，後にイエス・ノーで評定される。3点が最高得点，0点が最低点である。

② コントロール群36名は，さらに3群に再区分される。

「ベースライン群」：12名。刺激対象が24時間後順に与えられる。

「大人が刺激に触れる群」：12名。モデリングの時間に実験者は，3度刺激対象に手を伸ばし触る。しかし，操作はしない。それ以外は模倣群と同じ。

「大人が操作するコントロール群」：モデリングの代わりに，実験者は同じ（似た）刺激対象を操作し，ただし手本となる行動そのものはけっして子どもには見せないようにして，同じ（似た）結果（ブザーを鳴らす，タマゴを振る音）を生じさせる。それ以外は模倣群と同じである。

(メルツォフ，1988)

★筆者から：なぜメルツォフがこのようにコントロール群を3つも作ったのか，どのような結果になれば9カ月の乳児に延滞模倣が存在すると考えたのか，議論してほしい。実験結果とその解釈はp.91のTopicをみられたい。

象徴的世界の誕生の予感

20日に初めて過去の出来事を想起したような延滞模倣を行っている。母親の相づちに手助けされつつではあるが，数時間前の公園での出来事を身ぶりと片言で表現している（p.93 観察9）。ただ，延滞模倣であるといっても手本を目撃してから模倣までの時間は，おそらくせいぜい30分前後でしかない。しかし，エピソードをよく見れば，これが表現的な延滞模倣であることはよく理解できるだろう。

さらにUは1歳7カ月4日には，母親が「トータン何してる？」と尋ねるや，右手人差し指と親指で煙草をつまみ口に持っていったような仕草をして，「フゥー」と発声し，隣室で父親が煙草を吸っていることを身ぶりで表現している。このような「ふり」がもっとも典型的な「記号行為としての『ふり』」である。

世界の二重化

象徴能力 　ハッテンロッチャーとヒギンズ（1978）によれば，象徴化過程とは，ある心的要素（シンボル体）で他の心的要素（意味）が能動的に指し示されるようなプロセスである。彼らの議論はかなり込み入っているが，わかりやすく説明すれば次のようになる。たとえば，直方体の積み木をあたかも電車であるかのように動かすだけでは，そこに象徴化過程が働いているとはいえない。それは，単に積み木の形が電車に似ていることから電車を連想したのにすぎない可能性もあるからである。また，子ども自身がその見立てを行ったのではなく，周囲の大人がその積み木を電車として操り，それを子どもが単に学習しただけかもしれないからである。象徴化過程が働いているというためには，子どもが直方体の積み木を「ツミキ」と知っており，そのうえで，そ

Topic メルツォフの実験結果

表3-2 延滞模倣実験の結果 (メルツォフ, 1988)

実験条件	課題得点	
	低得点(0-1)	高得点(2-3)
ベースライン群	8人	4人
大人が刺激に触れる群	11人	1人
大人が操作するコントロール群	10人	2人
24時間の延滞模倣群	12人	12人

【結論】模倣群に高得点が優位に多かった〔x(3)=8.01, $p<.05$〕。生後9カ月児でも24時間後までにモデルを記憶し再生できることが判明した。よって、1歳半から2歳にかけて延滞模倣が出現してくるという従来の考え方は間違っている。模倣はピアジェ流の「段階論的な」発達ではなく、もっとなだらかな連続的な発達をする。これがメルツォフ（1985；1988）の結論である。

★筆者から：メルツォフ（1985；1988）の扱っている模倣は、本論中のことばを用いれば、「動作的表象としての『ふり』」の模倣である。スプーンの用い方を見て、スプーンをそのように用いるのは、スプーンというものを「動作的表象」理解することである。そのような模倣は、「記号行為」を予感させるような本論でいう「延滞模倣」とは質的に異なったものである。

観察8　表現として機能し始めている「延滞模倣」①

【蚊をとる大人たちの仕草の延滞模倣】乳児Nが1歳6カ月9日のことである。祖父母の家でNはこの日浴衣を着せられる。夜8時頃、みんなが誉めるのでNは得意な表情で、応接間の低い机の上にあがり両手を広げファッション・ショーのように机の上を歩き回る。続いて、Nは従兄弟たちと一緒に庭の（叔父や父母のする）花火を見学する。Nは大人たちがさかんに言う「きれい、きれい」ということばをまねして「キエイ」と言ったりする。花火が終わって居間に戻ってからも、Nはハイになっている。しばらくしてから9時頃のことである。Nは両手をパチッと鳴らし、そして開いた手を見つめ、すぐに周りの人を見回す。このようなことを計3回ほど行う。周囲の者たちは初め、何の仕草かわからなかったが、祖母が「蚊をとるまねのよう」と気づく。花火の際に大人たちがこのような仕草で蚊をとっていた記憶は、大人の側にはない。

(麻生, 1987)

世界の二重化

れを**シンボル体**として用いて，彼自身の力で能動的にそこに存在していない電車の**表象**を指し示す必要があるのである。

　彼らの議論は，ここで「動作的表象としての『ふり』」と名づけているようなものをうまく象徴化過程から排除しているという点で，かなり的を得たものであるといえるだろう。ところが，彼らの議論の弱点は，**記号化過程**と**象徴化過程**とを区別せず，両者を混同してしまう点にある。彼らの考えからすれば，モノに**名前**があることがわかり始めることは，名前を不在の対象についての情報を指し示すものとして理解することであるから，それは当然象徴化過程を含むものなのである。

　だが，積み木を積み木であると理解したうえで，それをシンボル体にし，それでもって電車の**表象**を指し示すことと，「デンシャ」という名称で電車の表象を指し示すこととは，かなり質的に異なったことである。電車を「デンシャ」とよぶことは，私たちが個人としてどうこうできることではない。それは，社会的な規範であり慣習なのである。電車を「バス」とよぶわけにはいかないのである。このことは，しばしば「ことばは意味に対して透明である」と表現されてきた。電車は「デンシャ」以外の何ものでもないというように私たちの前に現象する。よって，私たちは「デンシャ」という音声を，記号であるとはまったく意識することなく，当然電車のことを指し示すものとして用いるのである。

　これに対して，自分の力で積み木を電車に見立てることのできる子どもは，積み木と電車とが異質なもの同士であることを明確に認識している。積み木は，電車とまったく同じというわけにはいかない。また，積み木でなくとも，代わりに紙の空き箱でも，電車の表象を指し示すことが可能である。子どもは，ある時期に

観察9　表現として機能し始めている「延滞模倣」②

【母親に支えられた『過去のエピソード』の想起】長男Uが1歳4カ月20日のことである。夕方，M（母）とUが公園に行くと，自称3歳のS子ちゃんがいつものように近寄ってくる。夕食後，Mが，今日公園でS子ちゃんがすべり台の上に砂をのせるので，「あかん」と叱って注意したことなど，今日のエピソードを私に語る。Uはこれを耳にして，「タン，タン」（タン＝あかん）と発声したりする。Mはこの時はUに応答せず聞き流す。それから20分ほどして，場面は変わりUは布団に寝かしつけられている。Uは急に枕を拳でたたき，「タン，タン」と発声し始める。そのうちUは両拳を目に当てて「エン，エン」と完全な泣きまねをし始める。そしてまた「タン，タン」と発声し，「バン」と言い両手を合わせる。Uが「タン」とまた発声したのに対して，Mが「お母さん『あかん』って言ったらS子ちゃんどうした？」と尋ねるや，Uは適切に拳を目に当てて「エーンエン」と答える。事実，S子ちゃんは，Mに「あかん」と叱られ，拳を目に当てて「エーンエン」と半分嘘泣きのような半分本当のような泣きをしたという。その後も，Uは枕をたたき「タン」と言っては「エーンエン」と泣きまねすることを何度も繰り返す。

(麻生，1996b)

表3-3　象徴能力の定義 (麻生と木村，1985；麻生，1996b)

ある個体が対象Aを対象Bとは異なったものであると充分認識したうえで，対象Aを用いることによって対象Bを指し示そう（designate）としたとする。この時，その個は狭義の象徴能力を伴う行動を示したとみなすことにする。そこにおいて，対象Aは対象A自身であると同時に対象Bを指し示すものとして二重化する。このような二重性の意識，つまり現実の世界（AはAである）と虚構の世界（AはBである）との二重性の意識こそが，人の象徴能力を特徴づけているといえる。

なると積み木で電車を指し示す「恣意性」を十分認識しうるといえよう。

記号化過程と象徴化過程　私は，このような「恣意性」を理解した後者のようなプロセスを，単なる記号化過程と区別して，象徴化過程とよぶことにしている。そして，そのような過程を操れる力のことを象徴能力とよんでいる（表3-3）。このような象徴能力は，通常子どもたちが1歳後半から2歳前半にかけて，次第に形あるものになっていく。つまりこの時期に，子どもたちは「ジョーク」や「メタファー」や「他者の『ふり』」などといった象徴能力の証であるような，それまでみられなかった新しい行動をみせ始めるのである。

これに対して，記号化過程は，ある程度生得的な基盤に根ざした言語化過程の中に大きく取り込まれていく。言語化過程と象徴化過程とは，一部の記号化過程を共有しあっているとはいえ，ある程度互いに独立しあった人間活動の異なる側面である。そのことは，高機能の自閉症の子どもたちがある程度自由にことばを話せるにもかかわらず，「ジョーク」や「メタファー」や「他者の『ふり』」など，象徴化過程を含んだ活動をすべて苦手にしていることからも理解できるだろう。

ジョーク　子どもたちは，早熟であれば1歳半過ぎから，多くは2歳前後頃から，「本当の名前」を知っているのにわざと「偽り名前」でその対象のことを呼んだり，わざと事実に反することを言って面白がり始める。

私の長男Uは，1歳11カ月27日にスヌーピーの人形を「コエ・トータン」と不在の父親に見立て，2歳0カ月3日にはスヌーピーの人形（これを「チュンヌチャン」と呼んでいた）と手

Topic　ゴリラのココはジョークを言ったのか？

　ココというのは，パターソンという女性研究者によって手話を教えられたメスゴリラである。パターソンによると，ココは英語を聞き取ることが可能で，「eye」と「I」とが同じ音だということを知っており，手話の「目」と手話の「私」とを取り替えて用いたりする。ココにはユーモアの感覚があるというのがパターソンの主張である。ある時，ココが食べ物を欲しがるので，世話をしている人が「どこにご馳走するの？　あなたの口に？」と尋ねると，ココはなんと「お鼻に」と応えたのである。このやりとりをココは気に入り，その後も繰り返している。そして約1年後に，バーバラという女性と次のようなやりとりを行っている。

　　ココ：のどが渇いた　飲み物　鼻に。
　バーバラ：あなたの鼻がのどが渇いたの。
　　ココ：のどが渇いた。(バーバラリンゴジュースを取り出す。)
　バーバラ：どこがこれをほしがってるの？
　　ココ：鼻が。
　バーバラ：わかったわ。
　　ココ：目が。
　バーバラ：あなたの目の中にね。
　　ココ：耳が。
　バーバラ：オーケー，ここに入れるわよ，あなたの耳の中に。
　　ココ：(笑い出す。)
　　ココ：飲む。(ココは口を開く。)
　バーバラ：オーケー，飲み物には，そこがいちばんよいところね。

(都守訳，1984)

★筆者から：チンパンジー研究者の松沢哲郎氏が直接ココに出会った経験によれば，ココの発話は一語のものが多く，しかも相手とのターンテーキングの構造がはっきりせず，やりとりが続くような場合でも，その意味は必ずしも自明ではなかったと述べている（1997）。以上のようなやりとりは，ココのユーモアのセンスを示していると言えるのだろうか？　また，ここで紹介する子どもたちの「ジョーク」と同質のものなのだろうか？　考えていただきたい。

世界の二重化

をつなぎ「トータントユーチャン・コーエン・イコー」と言うようになっている。スヌーピーを「チュンヌチャン」としても，「トータン」としても扱えるような力，それこそ象徴能力である。そして，2歳0カ月7日には，私が「偽のネーミング遊び」と名づけた遊びが父親とUとの間で観察されている。Uは，「カシャン（あしかさん）」と日頃呼んでいるアシカのぬいぐるみを指差して「オトト」と言ったり，電車の模型のことを「カシャン」と言ったり，クマのぬいぐるみを「コエ・ブタ」と言ったりして大喜びしている。

次男Yも，2歳0カ月8日に，ニコニコしながら母親に近寄り，母親を見つめ「オカーサン・トーサン」と言い，次に，母親に向かって，「オトーサン，オトーサン，オトーサン」とわざとらしく呼びかけている。Aは「A」であると同時に「B」をも差し示しているのである。そして，象徴能力を身につけ始めている子どもたちには，その奇妙さが何ともいえず新鮮で楽しいのである。

イギリスの家庭で兄弟関係を縦断的に研究したダン（1988）によれば，名前に関するジョークは，2歳児には珍しいものではないという。彼女たちが縦断的に観察していた6名の子ども中3人が，2歳0カ月までにそのようなジョークを述べている。そのような年齢の子どもたちは，言語スキルがまだ限られているので，多くは単に「否定形」を用いたジョークになるという。たとえば，ある2歳0カ月児はリスの絵を指差しながら，観察者を見て，「嘘っこ鳥（Not birds !）」と言って笑った。別の2歳0カ月の子どもは，人形の家の玩具の便器を観察者に見せて，ニコニコしながら「嘘っこ椅子（Not chair !）」と言った。

そして，ダンによれば，子どもは3歳までに，不適切な名前を

Topic 幼い子どもたちのジョーク

【嘘で母をだます】 A子1歳7カ月半は，郵便物乗せの押し車に乗せられ母に押してもらっているとき，手袋を脱ぎ投げ捨ててしまった。母はそれを拾い「投げたら駄目よ」と注意した。初めは，良い子にしていたが，そのうち，ついに「ママ，ワンワン」と叫んだ。母が振り返ったすきに，このいたずらっ子は，手袋をふたたび投げ捨て，笑い声を上げたのである。もちろん，犬などどこにもいなかった。

(サリー，1896)

【窓を食べる】 1歳7カ月のジョンは，兄に「何か飲みたい？」，「遊びたい？」，「コーヒーを飲みたい？」など尋ねられ，すべて「ノー！」と答えた。そこで，兄が「じゃー窓を食べたいの？」と尋ねると「イエス」と笑顔で答え，兄が「じゃー暖房機も食べたいの？」と尋ねると，またもや笑顔で「イエス」と答えている。

(ダン，1988)

【ビールを飲む】 B1歳9カ月は，ミルクカップの置いてあるテーブルの席にいる。観察者のほうを見つめ，カップを指差し，「ビール！」と言い声をたて笑い，「ビール駄目！」と言った。

(ダン，1988)

【ママをからかう】 母親が2歳0カ月のジョンに「ジョン，ママのこと好き？」。ジョンは「ノー・イエス！」と笑いながら答える。母親「ノー・イエス？」，「ノー・イエス？」と尋ねると，ジョンは「ノー・イエス」とまた答える。

(ダン，1988)

世界の二重化

言ったり，不適切なカテゴリー化をして大喜びするようになるという。たとえば，ある3歳0カ月の子どもは，ドミノという名の飼い猫が，ドッグ・ビスケットを喜んで食べているという事実の奇妙さ（ネコが犬の菓子を食べる面白さ）を大いに喜んだ（ダン，1988）。

チュコフスキーのエピソード

旧ソ連の著名な教育者であるコルネイ・チュコフスキーの『2歳から5歳まで』（抄訳版『チュコせんせいのことばと心の育児学』）には，子どもたちのことばに関する興味深いエピソードが，たくさん紹介されている。この書物によっても2歳前後から，子どもたちに**象徴能力**が芽生え，名称やカテゴリーをめぐる**ジョーク**が雨後のタケノコのように生まれてくるのがわかる。以下に，その例を示す。

　チュコフスキーの娘が1歳11カ月のことである。ふざけたような困ったような，今までに見たことのないような複雑な表情で父親のほうにやってきて，まだ距離のあるところから，「パパ，ワンワンがニャーンって！」と叫ぶ。そして，面白いでしょうと誘いかけるように作り笑いをする。これが彼女の生まれて初めての冗談であった。またコーリャという子どもは，まだ2歳にならない頃，マーニャおばさんのことを「マーニャおじさん！ マーニャおじさん！」と呼んで大喜びした。母親がいくら訂正しても，同じ表現を繰り返し，そのたびに笑い転げている。この時期に，彼は「パパおはよう」と言う代わりに，「おやすみなさい」と言って大声で笑ったりもしている。

　2歳半のジェーニャという男の子は，靴下を編んでいる母親を指差して「あれは誰？」と尋ねられるや，わざと「パパ」と答え，さらに「じゃ，何をしてるの？」と重ねて尋ねられると，「書い

Topic 隠喩：シニフィアンによる物の殺害

ラカン（1901～1981）とは，フロイトのもっとも正統的な思想的後継者を自認するフランスの著名な精神分析家である。その思想は，「無意識は言語のように構造化されている」ということばで示される。難解をもってなるラカンの思想を筆者に紹介する力はない。しかし，筆者のいうところの「象徴能力」（彼は言語のもつ力と考えていたようではあるが）をラカンがきわめて重視していたことは，次の向井（1988）の解説文からも理解できるだろう。

> 「隠喩の機能に関してもう一つ面白い例をあげてみよう。言葉を覚え始めた子供が"犬はニャーニャー，猫はワンワン"と言って遊ぶのをラカンは注目する。
>
> 　子供が言っている事を理解できない大人は，それを直そうとするが，実は，子供はちゃんと，犬がワンとなき，猫がニャーとなくのを知っているのだ。ワンワン，ニャーニャーは記号として，物と一義的に結びついているものではなく，シニフィアンとしてある。
>
> 　このような自然関係を無視した置き換えを可能にするのは，物から切り離されたシニフィアンの基本的性格によるもので，それによってシニフィアンは自由の羽を得，自分とは何の関係もない物の上に止まる事ができるようになるのである。
>
> 　ある物に名前を与えると，名前のみが自立して働き，物自体は無視されるようになる。このように，シニフィアンは物の殺害である。そして，最初に物を殺すシニフィアンが隠喩である。子供が，犬はニャーニャーと言う時，彼は自由になったシニフィアンの威力を試しているに他ならない」

シニフィアンが指示対象（物）から引きはがされて浮遊するようになり，それらの新たな合体によって生まれるのが象徴能力である。記号の誕生，シニフィアンの戯れ，象徴能力にいたるプロセスについて，詳しくは『ファンタジーと現実』（麻生，1996b）の議論を参照していただきたい。

世界の二重化

てる」と答えている。その2週間後，母親を指差し「あれは誰？」とまた尋ねられると，笑って「パパ」と答え，次に自分から父親を指差し「ママ」と言ってもう一度笑っている。2歳半のヴィーチャという男の子は，走っているダチョウの絵を笑みを浮かべつつ指差して，「ぼくウサギかと思った」と笑いながら5回も繰り返し，次にウサギの絵を指差し「ぼく七面鳥かと思った」と言い，ツバメの絵を指差し「スズメだ」と言い，笑いながら「ニワトリだ」と付け加えている。

メタファー

メタファーとは何だろうか。もっとも素朴に考えれば，それはある語をその慣用的な指示対象との類似性をもとにして，新しい指示対象へ拡張することであると定義できるかもしれない。しかし，このような定義には一つ問題がある。それは，そのように定義すれば，言語獲得期の子どもたちが頻繁に行う，語の適用範囲の拡張それ自体がメタファーになってしまうことである。つまり，ネコのことを「ニャンニャン」と言えるようになった子どもが，ライオンの絵を見て「ニャンニャン」と言っても，それもメタファーだということになってしまうのである。このような定義では，メタファーは至る所に存在することになってしまう。

そこで，ウイナー（1979）は，メタファーの発達を調べるために，メタファーをもう少し限定した意味で用いることを提案している。字義的な用い方とメタファー的用い方を区別するために，単に類似性にもとづいて新しい指示対象に語を適用するだけではなく，それまでに確立している語のカテゴリー境界を自分の意志で乗り越え，つまり意図的にルールを破って，新しい対象に語を適用しなくては，メタファーとはいえないというのである。この

Topic　アダムのメタファーの発達

ウイナー (1979) はアダムという名の男の子の縦断的な言語発達のデータベースを活用して，メタファーの発達を2歳代，3歳代，4歳代の3つの時期に区分したうえで分析している。分析されたのは字義通りではない語の用い方である。まず，それらは3つのカテゴリーに分類された。①メタファー，②過剰一般化（たとえば，ライオンをニャンニャンとよぶ），③破格の用い方（たとえば，ピアノを鉛筆とよぶ）。さらに①のメタファーを3つに区分した。

A「ふり行為によるメタファー」：ある物をあたかも別の物であるかのように扱い，そしてその扱い方にもとづいてそれを名づけ直す。たとえば，アダム（2歳9カ月）は鉛筆をワゴンのハンドルの中に滑り込ませ「お手紙」と言った。
B「非ふり行為によるメタファー」：あるものに対して全体として適切な扱い方をして，その扱い方にもとづいてそれを名づけ直す。たとえば，アダム（3歳3カ月）はクレヨンの巻紙がはずれて，紙でクレヨンを巻き「クレヨンさん，僕がお洋服を着せたげるね」と言った。
C「非行為型のメタファー」：2つの対象の類似性が認識され，その認識にもとづいて名づけ直しがなされる。たとえば，アダム（4歳9カ月）は緑の筒に赤い風船を取りつけて，「木にリンゴ」と言った。

表3-4　2歳・3歳・4歳における語の非慣用的な使用回数（ウイナー，1979）

年齢	発話のタイプ				
	ふり行為によるmph	非ふり行為によるmph	非行為型のmph	過剰一般化	破格
2歳 (2;3-2;11)	42	11	20	18	10
3歳 (3;0-3;11)	21	10	34	25	2
4歳 (4;0-4;10,15)	5	11	61	8	2

ただし録音時間に相違あり；2歳代は38時間，3歳代は45時間，4歳代は28時間。また，mphはmetapherの略。

世界の二重化

定義に従えば，メタファーを用いるためには，まず通常の語の適用範囲を知っていることが前提になる。ライオンの名を知らず，ライオンの絵をニャンニャンと呼んでも，この定義ではメタファーとはみなさないのである。

メタファーの発達　このようなウイナーの定義に従えば，メタファーは当然ここでいう象徴能力と密接な関連があるということになる。「A」を「A」であると明確に認識し，そのうえで「A」でもって，「A」ならざる「B」を（意図的に）指し示すことが象徴能力であった。これは，「A」をメタファーとして用いることと定義上，等価であるといえるだろう。事実，象徴能力の芽生えてくる2歳前後にさまざまなメタファーが出現してくることは，次のような事例からも理解できる。

メタファーの発達を研究している鈴木（1992）によると，彼の娘（1歳11カ月11日）は，父親が葉を見せて「これ何？」と尋ねると「アッパ（葉っぱ）」と答え，父親が自分の胸に2枚の葉を当てて尋ねると「パイパイ」と答え，1枚を頭の上に載せて尋ねると「ボーチ（帽子）」と答えている。そして，2歳2カ月の時には，自発的にタオルを次々と「おうちのタオル」，「山」，「椅子」，「デンチャ（電車）」，「蛇」と連続的に（比喩的）再命名するようになっている。

また，ダン（1988）は次のようなエピソードを報告している。ある1歳9カ月の子どもは，床にミルクをこぼして，それを母親に示して，「見て，見て，お月さん，そこにお月さん，お月さん」と言った。そこで，母親が「どこにお月さんあるの？」と尋ねると，聞こえない声で「……お月さん……」，そして「そこにお日様出てる」と言う。母親が「それは違う！　それはミルクをカー

Topic 抽象的な比喩

　岩田（1994）は比喩の発達に4歳から5歳にかけて大きな変化があると指摘している。子どもたちの比喩表現が，それまでの虚構の地平での「見立て的比喩」から，現実を叙述するための「比喩」表現に変化するというのである。しかも，叙述対象と媒体との結びつきが，単なる表面的な知覚的類似性によってはとらえられない，抽象度の高い比喩がそこに次第に含まれるようになってくるという。表3-5に示した「抽象的な比喩」の諸例は岩田が保育園で集めたものの一部である。

表3-5　保育園児たちの抽象的な比喩（岩田，1994）

2歳児クラス	嫌いなおかずをやっと飲み込んで →「口のなか消えていった。雪のようようやね」
3歳児クラス	風がやみ木が動かなくなったのを見て→「木が死んだ」 溶けた雪だるまを見て→「雪だるま死んだ」 うちのお父さんは→「いつもブーブー言っとるしブタや」
4歳児クラス	探検ごっこの準備がまだ完了していないことを →「まだ工事中やて」 凧を飛ばしながら →「私の凧よく飛ぶよ，空気がごはんだから」 雪の斜面を転がりながら（その感じを）→「夢とるみたい」 赤と緑のステンドカラーを混ぜた水を →「あっ，この色とこの色結婚しとる」
5歳児クラス	カレーソテーを食べながら →「辛い，辛い，口から火がでっそうや」 降り止まない雪を仰いで→「神様のウンチ，まだ終わらんね」 冬眠中の動かない亀の様子を見て→「亀，石になっとる」 溝を雪で埋め，水がしみ出てこなくなったのを見て →「やった，川負けた。雪，勝ったんや」

世界の二重化

ペットにこぼしたのでしょ」と応答するや,この子どもは笑顔で「バイバイ!」と観察者に向かって言い,そして「もっとビチャビチャ!」,「もっとビチャビチャ!」と言ったというのである。この子が,自分の意志で,カーペットにこぼれたミルクを「月」や「日の出」にたとえていることは明らかだろう。

さらに私の息子Uは2歳0カ月20日に,初めて「○○ミタイ」という用語を用いている。私が寝転がりサランラップの筒を剣にして相手をしてやっていた際に,Uはこの筒を手にして「コエ・トントントン・ビタイネー(これ・トンネル・みたいねー)」と言っている。これは明確な直喩(「みたい」・「ようだ」のつく比喩)だといえるだろう。

自己と他者との新しい世界

1歳前後,子どもは自分自身を他者と同型的な存在として組織化し,他者のさまざまな行為を模倣することが可能になり,また他者のしていることをまねようとする志向性が生まれてくることを,2章で述べた。

しかし,この時期の子どもは,他者の行為を「まね」をすることはあれ,他者の「ふり」をすることはまだない。他者の「ふり」をすることは,単に他者の行為を模倣することではない。他者の「ふり」をすることは,自分は「(自分ではない)誰それ」であると宣言することである。そのためには,まず他者が「誰それ」なのかを知る必要がある。このことは,さほど難しいことではない。「ママ,パパ」などのことばを獲得し,それを適切に用いることができるようになった子どもたちは,自分が「ふり」によって成り代わるべきターゲットを手に入れたといってよいだろう。

難しいのは,自分自身を「誰それ」であると明確に認識することである。スヌーピーを「トータン(父親)」に見立てる際には,

Topic　次男Yが初めてジャスピオンになった日

　夜7時から7時半まで「巨獣特捜ジャスピオン」を家族で見る。Y（1歳10カ月18日）も熱心にみる。テレビが終わり，長男U（4歳8カ月26日）が「お父さんジャスピオンにしたげる」と言い，私（父親）を闘いごっこに誘う。私は，6時頃「宇宙刑事シャイダー」ごっこで15分ほど相手をしてやったので少し渋っている。そうこうしていると，Yが私の服を引っ張り始める。引かれるままについて行くと，暗い横の和室へ連れていく。Yは和室に入るや否や，足を開き，腕を広げ手にしていたプラスチックの青い小刀を上にかざしてファイティングポーズをとり「コークン・イオン（ヨークン・ジャスピオン）」と宣言する。このような宣言は初めてである。和室は暗い。Yは「デンキ・オシイ（電気欲しい）」と言う。私が「電気つけるの？」と尋ねると「ウン」と言う。私がYの闘いごっこの相手をしてやろうとしていると，Uがやってくる。Uはしゃべりまくり，すごい声を張りあげ乱暴な闘いごっこをする。Yは圧倒されるようで，少し離れ，私とUとの闘いごっこを見る。これがYの参加の仕方である。　　　　　　（筆者の観察日誌 p.5897 より）

★筆者から：他者が「他者の『ふり』」をしているのを模倣しても「他者『ふり』」をしていることになるのだろうか？　Yは，兄が「ジャスピオン」になる「ふり」を日頃しているのを見てそれを「まね」しているのである。しかし，そのようにいえば，Uも，ジャスピオンの役を演じているテレビの役者の「まね」をしているのにすぎないともいえる。では，「ふり」と「まね」とはどう違うのだろうか？　みなさんで議論していただきたい。

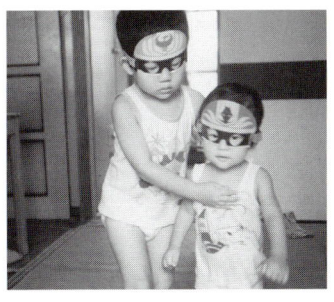

図3-4　チェンジマンのお面をかぶった兄U（4歳2カ月28日）と弟Y（1歳4カ月20日）（著者撮影）
雑誌「おともだち」の付録のチェンジマンのお面とチェンジードを手にして，2人とも「はまって」いるところ。

世界の二重化

スヌーピーという対象も父親という対象もともに自己の外側にとらえることができた。しかし，自分自身を「トータン」に見立てる際には，子どもは，自分からは全体像をとらえがたい「自分」というものを，明確な対象として把握している必要がある。他者の「ふり」をするにはまず高度な自己認識が必要なのである。

表2-2のバーテンサルら（1978）の「鏡像の理解」のデータからも推察されるように，1歳後半頃になると，子どもたちの多くは自分の名前や自称詞が言えるようになり，鏡の自己像が自分であることを理解できるようになる。鏡の自己像を理解するのも自己を対象化する一つの方法ではある。だが，子どもが自己を対象化するうえでもっとも重要な働きをするのは，子どもの周囲の大人たちの言動である。子どもが泣いていると，「エーンエーン」と叙述し，子どもが食べていると，「パクパクパク，おいしいね」と叙述し，「さあ，公園に行こう」とこれからの行動を叙述するのは，周囲の大人の役割である。これらのことばが，子ども自身の行為や感情を子どもに知覚可能な形で対象化させ，子どもに「自分」という対象を理解させる手助けをするのである。

また，子どもは，自分の名前や，自分の名のついた所有物（たとえば，○○ちゃんのパンツ，○○くんのお茶碗）などを媒介にして，よりいっそう「自己」を「自己」として対象化していくものと考えられる。このようなことばをとおしての自己の対象化と，象徴能力の芽生えとが重なり合うようになると，そこに新しい「自己」と「他者」との世界が誕生するのである。それが他者の「ふり」である。

他者の「ふり」　　ピアジェの娘のジャクリーヌは，1歳9カ月20日に，貝殻で床をこすり，次にボール紙の箱のふたで床を

Topic 姉妹による「姉妹ごっこ」

　ヴィゴツキー（1989）は，5歳と7歳の姉妹が「姉妹ごっこ」をしたエピソードを紹介している。姉が「姉」の役をして妹が「妹」の役をして遊んだというのである。なぜこれが遊びになるのだろうか。ヴィゴツキーがいうには，そこに行動のルールがあるからである。姉がより「姉らしく」，妹が「妹らしく」するにはどうすればよいのか，そこには日頃あまり意識せぬルールがあるのである。その隠れたルールを意識して，本物よりも本物らしい「虚構の姉妹」になるというパラドックスが，彼女らにくすぐったくなるような喜びを与えたのだと思われる。

　久保田（1973）の観察によると，5人の5歳児が次のようなままごとを行っていたという。A子ちゃんとB子ちゃんは，「お母さん」と「お姉さん」の役で，残りの3人のためにままごとで料理を作っている。その横で，C子ちゃんとD子ちゃんの2人が同じようにままごとをしている。久保田が「何をしてるの？」と尋ねると，この2人は「ままごとをしているの」と答える。そこで「AちゃんやBちゃんと同じだね」と言うと，2人は否定する。彼女らによると，AちゃんとBちゃんは，「お母さん」と「お姉さん」で本当にままごとでみんなのためにご馳走を作っているが，CちゃんとDちゃんはご馳走ができるまで「ままごとをして遊んでいる」のである。たった一人の男の子であるE君は，ボールをかかえて園庭をうろうろしている。お母さん役のAちゃんは，これを見て，「あの子は，サッカーの選手になるといって，勉強もしないで，外であそんでばかりいるのよ」と言う。遊びの中で「遊ぶ」ことと，単に遊ぶこととはいったいどこが違うのだろうか。少なくとも，5歳の子どもたちは，「遊んでいる」「ふり」をして遊ぶことができるようなのである。

こすり，そして「お掃除のおばさん」と言っている。同じ日に，自分の髪をオールバックにかきあげ，鏡をのぞき込んで笑いながら「お父さん」と言っている（ピアジェ，1945）。私の長男Uは，1歳11カ月16日に，ミニカーの扉を開け車の中に何か見えないものをつまんで入れるまねをして「テューチャン（Uちゃん）ドントンタン（運転手さん）」と言っている。2歳0カ月4日には「ユーチャン・イマ・トータン」と自分を父親に見立てている。私の次男Yは，1歳11カ月29日に「ヨークン・モウ・ユーチャン」と兄に同一視している。また，ダン（1988）によれば，彼女たちの観察した第二子の子どもたち40名中の32名が，2歳の誕生日までに兄弟姉妹の「共同的『ふり』遊び」に参加するようになり，2歳0カ月の時点で13名の者が，その遊びの中で自分のことを「運転手さん」，「お父さん」，「お母さん」，「赤ちゃん」など名前のある「役」に割り当てたという。

　1歳前後になると子どもは，姿勢や活動や行為のレベルで，「自己」を「他者」と同型的な存在として生み出すことができた。その約1年後，今度は子どもはそのことを行為のレベルではなく，ことばや象徴機能のレベルで行うようになる。それが，これまでにみてきたようなこの時期に出現する「他者の『ふり』」である。2歳前後に，子どもは象徴的水準で「自己」と「他者」とを交換可能で等価な存在として組織化するようになる。いいかえれば，「自己と他者との基本構造」が成立するのである（麻生，1984；1985）。

Topic 太郎君は「太郎君である」「ふり」ができる？

エリコニン（1989）は、旧ソ連の保育研究者の興味深い実験を紹介している。実験者が子どもたちに「自分」ごっこをして遊ぼうと提案するのである。たとえば、山田先生が花子ちゃんに対して、「花子ちゃん一緒に遊ぼう」と誘い、「花子ちゃん、あなたが花子ちゃんになって、私が山田先生になるの、いい？」と提案するのである。このような、「自分ごっこ」を提案された年少児（3歳児）は、理由もなくこの提案を拒否する。この遊びにまったく興味をいだけないのである。年中児になると、彼らは日常の園の生活の中で、「自分である（子どもである）こと」や「先生であること」がどのような関係性を生きることであるかを理解し始めている。よって、日常的な先生と子どもの関係を演じることで「自分ごっこ」に応じようとし始める。しかし、それはどうしてもまじめな本気の取り組みになってしまうのである。子どもたちはしばしば、「そんなふうに遊ばないよ、それは遊びじゃないよ」、「私がニーナだっていうのに、どうやってニーナごっこをするの」と主張する。それが、遊びにならないのは、子どもたちがはっきり認識できる役割がそこにはないからである。エリコニンによれば「遊びは役割が存在する時にのみ可能」なのである。

★筆者から：ところで、あなたは「あなた」である「ふり」をすることができるだろうか？「私はしょせん『私』を演じているだけだ」などという言い方がある。では、どうやったら、その「私」という役から降りることができるだろうか。もしその役から降りることができるならば、当然あなたは逆にその役を演じ、「あなた」である「ふり」をすることが可能になるはずである。では、「私」という役から降りたあなたは、はたして、その役から降りた「あなた」自身である「ふり」をすることができるだろうか？

世界の二重化

●●●● 参考図書

麻生　武　1996　ファンタジーと現実　金子書房

　子どものふりの発達からサンタクロースまで，現実とファンタジーの関係について大胆に論じた書物。象徴能力の形成論として読むことができる。

小山　正（編）　2000　ことばが育つ条件——言語獲得期にある子どもの発達　培風館

　ことばの発達が遅いなどさまざまな障害をもつ子どもたちへの援助から生み出された言語発達研究。さまざまな子どもへのアセスメントと援助の実際が具体的に論じられている。

小林春美・佐々木正人（編）　1997　子どもたちの言語獲得　大修館書店

　わが国の言語発達研究の最先端をわかりやすく紹介する格好の入門書。

高橋たまき　1993　子どものふり遊びの世界——現実世界と想像世界の発達　ブレーン出版

　ふり遊び，ごっこ遊びを長年研究してきた著者による読みやすい研究の集大成。

自己と他者

　現実の他者は，子どもがとらえている「他者」とは違う。1歳頃，子どもは「自己」を「他者」と（行為や形態の面で）同型的な存在として組織化する。そして，2歳頃には，「自己」と「他者」とを象徴的な次元で交換可能なものとして組織化できるようになる。しかし，子どもが自分を「お父さん」に置き換え，「お父さん」になった「ふり」をしたとしても，現実の父親と同等になるわけではない。現実の他者は，子どもの想像する「他者」を必ず少し越えている。同様に，現実の子どもも，子どもが自分で理解している「自己」を必ず少し越えているのである。子どもたちは，現実の他者と交流することによって，自分のそれまで形作っていた「自己」や「他者」が現実に対応していないことを常に思い知らされるのである。子どもたちは，そこから「自己」と「他者」とを新たに組み換えていくのだといえるだろう。

● アイスクリーム，Y君，ねこ
（Y：3歳10カ月21日）

他者の意図を知る

子どもの従順さ　子どもというものは基本的に大人に対して従順である。これは考えてみれば当然のことである。ヒトの子どもは他の哺乳類に比べると1年近くも早産で、長い間、自力で食べ物をとることもできなければ、危険から身を避ける術ももたない。このような無能力な子どもが、世話をしてくれる大人に従順でなければ、どのような結果が待ち受けているかすぐに想像できるだろう。

子どもたちが親に逆らうことが引き金となって、親が面倒な育児を放棄すれば、まだ自活できない無能力な子どもたちはたちまち死に直面する。よって、子どもたちは、基本的に大人たちの指示に従おうとするのである。子どもが大人に従順である理由としては、表4-1に示すように5つの理由が考えられる。

だが、子どもが大人の指示に従おうとしても、指示の内容が理解できなければ、またそれを遂行する力をもっていなければ、指示に従うことはそもそも不可能である。1歳代前半の子どもたちが大人の指示に従わないことがあるとすれば、その最大の理由は、彼らがまだ十分に大人の指示を理解する力やそれを遂行する力をもたないからである。このことは、「言語理解」と「指示に従う傾向」との関係を調べた次のケーラーとコップら（1990）の研究から理解できる。

彼らは、生後12～13カ月、14～16カ月、17～18カ月の子どもたち、それぞれ10名ずつ計30名について、大人（母または実験者）が子どもに「私にボールをちょうだい」、「お人形さんにキスをして」、「その電話を椅子の上に置いて」などの要求をし、子どもの「言語理解」と「指示への従順さ」とを独立に採点して、

表4-1 子どもが大人に従順である理由

①生物学的無能さ	子どもは自分の力では生物学的に生きていくことはできない。「補食獣などから身を避ける」・「必要な水や栄養などを摂取する」・「雨露をしのぎ体温を保てる清潔な環境にいる」，子どもは，これらのいずれも自力では達成できない。
②親への生物学的依存	子どもの世話は全面的に親（養育者）が行う。その長期にわたる養育活動によって初めて子どもは生存できる。親は，子どもの状態を感情移入的に豊富に解釈することによって，その養育活動を行う。それがヒトの育児の特徴である。
③身体の小ささ・力の弱さ	子どもが親の庇護下にある間，子どもの身体は親の身体よりもはるかに小さく，肉体的力も同様にはるかに親よりも劣っている。それが，親（大人）の子に対する絶大な権力（権威）の根拠の一つである。
④子どもの模倣傾向	子どもは有能な大人のようになりたい（模倣したい）と志向している。大人のように有能でありたいというのは，基本的な自他の同型性を達成した1歳児の基本的な傾向である。大人は子どものモデルである。
⑤大人への愛着と好意	子どもは，大人とコミュニケートすることに喜びと安心を見出している。子どもは，大人が相手をすることによって笑いやすく喜びやすい存在である。子どもは，そのような大人との快のコミュニケーションを通じて，ことばを習得するといえるだろう。

両者の関係を吟味した。その結果は、なかなか興味深いものであった。

一番年長グループである17〜18カ月の子どもたちは、他の2群の子どもたちに比べ、指示に従おうとし、しかも指示を理解している（「従順−理解」）反応が多い（全反応の58％）。しかし、子どもたちが指示を「言語理解」した場合のみに注目してみると、「指示に従おう」としている者の割合には、3つの年齢グループにほとんど差がみられなかった。生後12〜16カ月の子どもたちは「理解した指示」の73％に、生後17〜18カ月の子どもたちは、「理解した指示」の77％に対してそれに従おうとしたのである。この結果は、1歳代の子どもたちが月齢にかかわらず、大人の言語指示を理解しさえすれば、それに従う傾向の強いことを示しているといえるだろう。

子どもの反抗　イギリスの家庭で何組かの親子交渉を縦断的に観察したダン（1988）は、親の禁止に対する子どもの従順さと反抗について興味深い事実を明らかにしている。母親が禁止して子どもが素直にそれに従うような母子交渉の頻度は、子どもが生後14カ月〜3歳まで変化しない（頻度は2時間の観察時間中に平均9回ほどである）。

ところが、子どもが母親の行為に抗議したり、要求に逆らったり、ダメと禁止されていることをくり返して行うことは、子どもが生後18カ月〜24カ月の間にほぼ2倍に増加する。ダンによれば、思惑が食い違うときでも生後14カ月児は母親に怒りを向けることはめったにないが、生後2年目の間に母親に怒りを向けることが次第に増加し、24カ月で子どもが苦痛の表出をする頻度はピークに達する。ダンは、このことがすでに周知の事実である

Topic 二種類の「だだこね」

長年乳幼児検診に関わり、独自の発達理論を構築してきた田中と田中(1982)によると、「だだこね」というものにも次の2種類があるという。

【1】1歳前半の「だだこね」

相手の意向に関係なく、自分の要求を相手に直線的にぶつけ、要求を直線的にかなえようとする。これを田中らは「……ダ！」「……ダ！」とくり返し要求する姿から「ダコネ」と名づけている。

【2】1歳半過ぎからの「だだこね」

「……ダ！」「……ダ！」と直線的、一次元的に要求をぶつけていた子どもも、1歳半頃から、「……デハナイ……ダ」というように気持ちを可逆させ、ふくらませながら対応することが可能になってくる。要求されていることを正確に把握し、はっきり拒否したり、肯定することもできるようになってくる。したがって、大人のほうが子どもに直線的に一次元的に何かをやらせようとするのではなく、「どっちの足からはくの」などと子どもが自分で選び決定できるように課題を与えてやれば、子どもは拒否していた姿とうって変わり、「コッチ！」と生き生きと選びとり、自分からそれをやろうとしたりする。

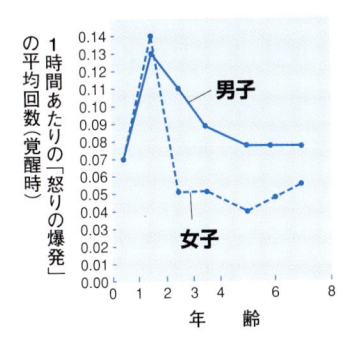

図4-1 家庭における「怒りの爆発」の頻度 (グッドナフ, 1931)

他者の意図を知る

ことを示すため図4-1に示したグッドナフのデータを引用している。生後2年目に増加するのは、怒りや苦痛の表出だけではない。母親と対決する際に、子どもが笑い声をあげたりニンマリ微笑んだりすることも同様に増加する。

模倣と意図理解　他者の指示に従うには、他者の意図を理解する必要がある。指示する大人の意図を理解する力は、一般に生後2年目、ことばの理解力と歩調を合わせて飛躍的に伸びてくる。しかし、伸びるのは他者の意図理解だけではない。同時に自分自身の「つもり」や「意図」もはっきりしてくる（山田, 1982 ; 麻生, 1987）。そこに、自己の意図と他者の意図とのさまざまなぶつかり合いや、駆け引きが生じるのである。

1歳の誕生日前後、一般に子どもは自分自身を他者と基本的に同型的な存在として組織化する。このことは、この時期に子どもが他者のさまざまな行為を模倣しようとすることからも理解できる。他者の行為を模倣する際に、多くの場合、子どもは自分が模倣している「他者の行為」の意図を何らかの形で理解しつつあるといってよいだろう。少なくとも、「模倣する」ことが「その他者の行為の意図理解」を促進し、また「行為の意図を理解する」ことが「その行為の模倣」を容易にするといった双方向的な関係があることはまず間違いない。意図のわからなかった他者の行為も、それをまねてみることによって、その意図が理解できることがある。また意図がわかればその行為を模倣しやすいことはいうまでもないだろう。すなわち、「（他者の）行為の模倣」と「（他者の）行為の意図理解」との間に本質的な関連があると考えられるのである。

Topic 「ママ」や「カップ」と言えたヴィキィ

　ヴィキィは1947年にヤーキス類人猿研究所で生まれたチンパンジーである。人間と同じように育てれば，チンパンジーも人間のことばを習得するのではないかという仮説のもとに，生後すぐにヘイズ夫妻の養女となり，人間の赤ん坊と同じように育てられた。結果は，失敗であった。チンパンジーの声帯は，自由に音声を発するようにはできていなかったのである。ヴィキィが訓練の末に習得できた単語は，閉じた唇を破裂させることによって発声できる「ママ」「パパ」「カップ」「アップ」といった数語だけであった。しかし，ヴィキィは，さまざまな認知能力やコミュニケーション能力や模倣能力を示した。写真（図4-2）はヴィキィが裁縫をしているところである。ヴィキィは2歳になる前に，自分から口紅をくすねて，洗面台の上に立ち鏡をみて，唇をギュッとつむりそこに口紅を当て，指でもって色を水平にのばしている。またその後，人が，写真を伸ばすために本の間に挟んでいるのを目撃した6時間後に，ヴィキィは，写真を見るや，6時間前のことを再現するように写真を自分から挟んだりもしている（ヘイズとヘイズ，1952）。

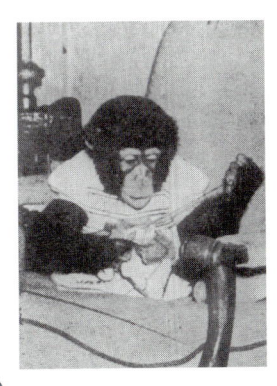

図4-2　裁縫をしているヴィキィの写真
（ヘイズ，1951）

チンパンジーの意図理解

幼い時から人間的な環境で育てられたチンパンジーは訓練の結果，かなりの模倣能力を示す。人間の赤ん坊と同じように家庭で育てられたチンパンジーのヴィキィもさまざまな模倣を行った。プレマックとウッドラフ（1978）は，このような研究を一歩進め，チンパンジーが人間の行為の「意図」もある程度理解していることを巧妙な実験で明らかにした。

実験に参加したのは，長年，プレマックがプラスチック記号を利用して言語訓練を行ってきたサラという名のチンパンジーである。彼らは，サラが人間のトレーナーの「意図」を適切に理解していることを，次のような実験によって確かめた。人間のトレーナーが，たとえば天井からぶら下がったバナナをとろうとして，手が届かず苦労しているビデオをサラに30秒間見せてそこで静止画像にする。次に，サラにさまざまなスライドを見せ，このトレーナーが部屋にあった箱の上にあがろうとしているという適切な行為のスライドを選択できるか否かを調べたのである（図4-3）。その結果，サラは，電気ストーブのコンセントがはずれトレーナーがふるえているビデオには，コンセントがうまくはまっているスライドを選ぶなど，この種の課題に対してトレーナーの「意図」を察知した適切な反応ができることが判明したのである。

この結果を，プレマックたちは，「チンパンジーは心の理論をもっているのか？」というきわめて斬新なタイトルで発表した。それが一つのきっかけとなって，その後，「心の理論」という研究分野が誕生し，大流行することになる。人は「心の理論」によって他者の心を理解しているのだという主張が「心の理論」理論である。

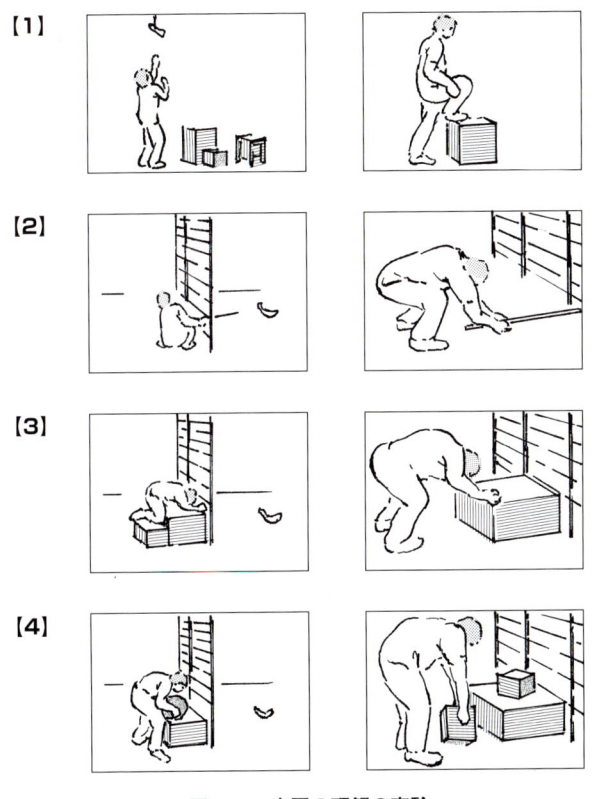

図 4-3　意図の理解の実験
（プレマックとウッドラフ，1978 の写真をイラスト化）

① 天井の届かない所にあるバナナ；箱の上に乗る。② オリの外の床にある手の届かないバナナ；棒で引きよせる。③ オリの外にあるバナナ，しかし，オリの中の箱がじゃまで手をのばせない；箱をどかせる。④ ③ と同様，箱の上に重いものがのっかり箱が動かせない；箱の上の重いものをまず，箱からおろす。

> **乳児の意図理解**　メルツォフ（1995）は，プレマックたちのアイデアを少し変形し，生後18カ月の乳児が他者の意図を適切に理解しえていることを次のような実験で明らかにしている。まず子どもたちが見たことのないような小道具を5つ作る（図4-4）。たとえばその一つが，小さな立方体の積み木2つをプラスチックの棒でつないだダンベルである（図4-4A）。両側の立方体を引っ張ると，それがはずれるようになっている。子どもたちは，10名ずつ4つの群に分けられる。1つは，大人がその小道具をいじり，立方体をダンベルからはずすところを子どもに見せる群（ターゲット操作例示群）である。2つ目は，大人がそのような意図をもってはずそうと試みているのだが，何度も失敗し，立方体をはずせずにいるのを見せる群（意図群）である。3つ目は，大人がダンベルをいじるが立方体をはずすのとは無関係な操作をする群（無関連操作例示群）である。4つ目は，モデルとなる大人の行為を見せずにそのまま子どもにこの小道具を触らせる群（ベースライン群）である。

ターゲットになる手本の行動を見せられたのは，ターゲット操作例示群の10名だけである。ところがターゲットと同じ行動を示した子どもの割合は，ターゲット行動を行おうとする意図のみ（つまりうまくいかず失敗ばかりする手本）を見せた意図群と，ターゲット操作例示群とに何ら差が見出されず，両群とも他の2群より有意に多くターゲット操作（行為者の意図を察してそれを完遂した操作）がみられたのである（表4-2）。つまり，生後18カ月児は，モデルとなる大人が「何をやろうと」意図しているのか，それが完了しない途中までの行為であっても，それを見ることによって行為の意図を十分に理解する力があることが示された

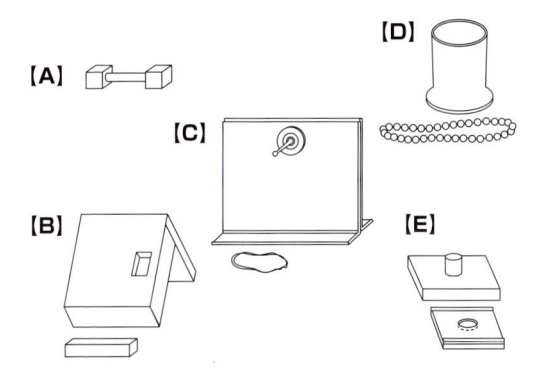

図4-4 メルツォフが実験に用いた5つの小道具（メルツォフ, 1995）
A：ダンベル，B：窪みの中にスイッチのある箱とスイッチを押す棒，C：垂直の面から出っぱった棒のような先端のある塀のような板と，垂直の板から水平に張り出された棒状突起と輪，D：シリンダー型容器と首飾りタイプの輪っか，E：突起のある板とそれにはめられる窪みのある板。

表4-2 4群において，ターゲット操作を行った子どもの比率（メルツォフ, 1995）

テスト対象	グループ			
	ベースライン群	無関連操作例示群	意図群	ターゲット操作例示群
A：ダンベル	.20	.40	.80	1.00
B：箱	.40	.10	.90	.90
C：突起	.10	.20	.90	.70
D：シリンダー	.30	.20	.90	.80
E：正方板	.20	.10	.50	.40
平　均	.24	.20	.80	.76

他者の意図を知る

のである。

メルツォフは、さらに、第2実験として、第1実験の意図群と同じように人間による未完了操作を見せる群と、同様の未完了操作を機械にやらせてそれを見せる群とを比較した（図4-5）。その結果、生後18カ月児は前者に対してのほうが後者に対してより約6倍も多くターゲット操作を行うことが明らかになった。

メルツォフによれば、これは、目撃した「人間の行動」の中に「意図」を帰属させる素朴心理学的フレームが幼児に存在していることを示している。そこから彼は、そのようなフレームが生得的なものであることを示唆している。しかし、18カ月児にそれが可能だからといって、すぐさま生得論に飛びつくのは、いささか早急である。乳児と大人との間のコミュニケーションの発達をていねいにたどっていけば、互いの意図理解というものが一朝一夕ではなく時間をかけてゆっくり熟成してきたものであることが理解できるように思われる。他者の指示を理解することの中にも、さまざまな程度で他者の意図を理解することが、混入しているのである。「他者の意図」の理解は、曖昧な形を経て、次第にそれらしく感じられるように姿を表してくるものだといえるだろう（チャンドラーとカーペンデール、1998）。

自他の意図をめぐる駆け引き　一般に1歳過ぎには、簡単な指示であれば、多くの子どもが理解できるようになる。たとえば、子どもの前で、小さな赤い立方体の積み木（新版K式検査の積み木）2つをチョンチョンと拍子木のように打ち鳴らしてみせ、「はいどうぞ」と積み木を差し出すと、子どもは自分が同じようにすることを要求されているということを理解できるようになってくる。先に紹介したメルツォフの実験も、モデルを示した際に

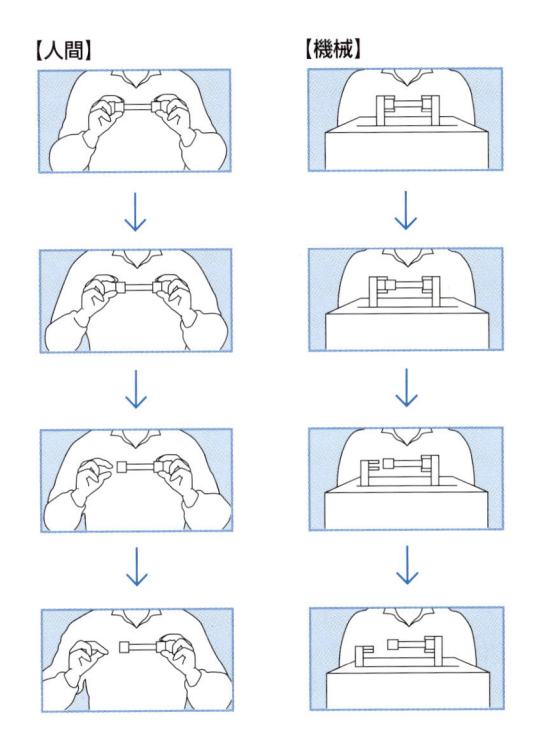

図4-5 機械の仕草と人間の仕草（上のコマから下への動き）
（メルツォフ，1995）

「ほら見てて」「はい君の番だよ」などと声をかけ，実験者の意図を子どもに伝えながら進められていたのである。

伊藤と麻生（伊藤と麻生，1997；麻生と伊藤，2000）は，1〜2歳の子どもたちが，単に他者の意図を受けとめるだけではなく，それに自己の意図をどの程度対抗させることができるか，どの程度自己の意図と他者の意図とを調整することができるのかを調べるために，きわめて単純な課題を子どもたちに与えている。たとえば拍子木課題というのは，子どもの前で上述の立方体を打ち鳴らせてみせて，「はいどうぞ」と子どもに手渡し，子どもがモデルと同じように積み木を打ち鳴らせば，「はい」とまた提示者が積み木を受けとり，また拍子木のようにそれを打ち鳴らし，そして「はいどうぞ」と子どもに再現を要求するという課題である。子どもが何らかの拒否のサインを示さない限り，課題は反復される。子どもの意思表示の仕方を丹念にとらえることで，自己と他者との意図調整を子どもがどのように行うかをとらえようとしたわけである。

また，タワー課題というのは，子どもの目の前に赤い積み木10個で高い塔を作ってみせ，次に「はいどうぞ」と子どもに塔作りを促すという課題である。表4-3をみれば，1歳半過ぎ頃から，次第に10個の積み木すべてを積むことを要求されていると感じ始め，2歳過ぎには，大部分の者が他者（提示者）の意図をほぼ完全に理解するようになることがわかる。

このような他者の意図（課題の意図）理解は，課題の難しさに依存している。たとえば，はるかに簡単な前述の拍子木課題であれば，より多くの子どもが提示者の意図を理解しているはずである。しかし，理解したからといって子どもは必ずそれに従うわけ

表4-3 積み木10個の塔を作るタワー課題の理解度
（麻生と伊藤，2000）

年齢	状況				計
	課題を理解せず	課題よりも自分の意図を優先	なかば課題を理解	課題を理解	
1;1 〜 1;6	5 (50)	2 (20)	3 (30)	0 (0)	10 (100)
1;7 〜 2;0	1 (8)	4 (31)	3 (23)	5 (38)	13 (100)
2;1 〜 2;6	0 (0)	0 (0)	1 (14)	6 (86)	7 (100)
2;7 〜 2;11	0 (0)	0 (0)	0 (0)	9 (100)	9 (100)
計	6	6	6	20	39

* 1;1（1歳1カ月）。
*「なかば課題を理解」とあるのは，積み木を2個以上積み塔を作ったものの，10個に達せず途中で塔が倒れても平気であったり，再度積もうとしたりはしなかった者である。「課題を理解」とあるのは，10個の塔を積むことが目標であることを明確に理解していると思われる態度を示した者である。

ではない。拍子木課題が最初の課題であったせいもあり，多くの子どもが，広い意味で拒否とみなせる反応を行っている。提示者がモデリングをして積み木を提示しても，積み木に手を出さなかったり，提示者に背を向けたり，バイバイをしたり，積み木を持ってもすぐに母親に渡そうとしたり，積み木を積んだりするなど，別の反応で応じたりするのである。このような反応をした子どもは，1歳1カ月〜1歳6カ月の9名中7名，1歳7カ月〜2歳0カ月の13名中7名，2歳1カ月〜2歳6カ月の6名中3名，2歳7カ月〜2歳11カ月の9名中3名であり，合計20名であった。このような反応の中にも，「自己の意図」と「他者の意図」とのズレを意識したような微妙な反応がみられたりする。

たとえば，US君（1歳11カ月）は，最初の試行で，提示された積み木を見て，笑顔で提示者を見つめ，元気よくバイバイする。その後も提示されると，必ずバイバイの動作をするのだが，回を重ねるうちに様子が変化してくる。第4試行では，提示しても笑顔は見せず，うっかりすると見落としそうなほど小さな動作で机の下で提示者に向かってバイバイをする。第5試行になると，もう積み木を見ようとしないで，お母さんにくっつきうつむいてしまう。Topicで拍子木課題の事例として紹介したMS君（1歳7カ月）と遜色ない自他の意図調整がそこにはあるといえるだろう。

自己と他者との意図調整　2歳近くになってくると子どもは他者の立場をよく理解し，そのうえで行動するようになってくる。私が観察していたN児は1歳9カ月2日のときに次のような行動をしている。居間には和机があり日頃からその上にあがるのは禁止されている。日頃はこの上にあがることはめったになく，たとえあがっても「ダメ」と注意するとすぐおりる。ところが，この

Topic　自己と他者の意図調整の萌芽

　MS君（1歳7カ月）は，積み木を与えられるとすぐにモデルのように打ち合わせます。2回目のモデリングが終わると，「次はぼくの番だよね」と言うように「エヘッ」と提示者に笑いかけます。第3試行では，横のお婆ちゃんに嬉しそうに積み木を見せてから，10回打ち合わせ「ハイッ」と机に置きます。第4試行では，12回打ち合わせたところで積み木を1個だけ机に置き，提示者をじっと見つめます。それまでのように「ハイッ」とは言いません。第5試行では7回打ち合わせてから，手を机の上に置き提示者を見つめます。第6試行では，すぐに4回打ち合わせて，次にゆっくり大きな動作で斜めに13回，さらに虚ろな表情で11回打ち合わせてから止めます。そして，うかがうような表情で提示者を見つめます。目を合わせニヤリと笑ってから，積み木を見てふたたび課題を遂行します。だんだんゆっくりになりつつも，22回まで打ち合わせます。そして提示者に照れ臭そうに笑いかけます。続いて第7試行です。これもMS君はがんばります。そしてついに，第8試行で自分の気持ちをはっきり表現します。つかんだ積み木を打ち合わさずに真剣な表情で机の上にそろえて置き，そしてできるだけ遠くへそれらを押しやります。笑顔を浮かべてはいるものの，提示者から視線をそらしています。ここでMS君が遂行を拒否したと判断し，課題を終了しました。

（麻生と伊藤，2000）

日,母親が(コードつきの)電話をしている最中に,N児は和机の上にあがる。母親が電話で話しつつ「メッ」とにらんでつねる仕草をするが,母親のほうを見つめニターとするのみで平気な様子である。N児は電話中の母親が実力行使できないことを見透かしていたずらしているのである。この日は,結局,電話がすんだ後に母親に叱られて和机の上からおろされている。

　1カ月後の1歳10カ月3日には,さらに知恵がついてきた行動を示している。母親が受話器をとり話し始めるや,和机の上にあがり,母親が電話を切るや,自分からあわてておりている。自己の意図と他者の意図を,時間差を利用することで見事に調和させたといえるだろう。Topicに示した観察事例からもわかるように,2歳近くにもなれば,子どもは単に他者の意図を理解するだけではなく,自分から自分の気持ちを変化させ,その気分で他者に積極的に働きかけ,他者の情緒的なトーンをより調和的な方向に変化させようと行動できるようになるのである。その意味で,2歳になる前から,ヒトの子どもは,「他者の心(気分)を操ろうとする」いっぱしの「心理学者」であるかのように振る舞い始めているのである。

他者の心を知る

他者の心というブラックボックス　現実に目の前にいる他者が今どのように感じ何を思っているのか,ときに計り知れなく感じる瞬間がある。おそらくこのようなことは多かれ少なかれ多くの人が体験していることだろう。同じ「赤いバラ」を見ても,他者がはたして自己と同じ「アカ」を見ているのか否か,チョコレートを「アマイ」と感じるにしても,自己と他者の感じ方が同じ

Topic　1歳9カ月の小さな心理学者

【事例1】誉められることをして親の機嫌をとる（N児）

　N児が1歳9カ月13日のときのことである。N児はものを投げたりすることがよくある。この日も，ものを投げ，それが母親の目に当たってしまう。母親が厳しく叱るが，N児は離れたところでフンといった感じで立っている。母親がそれを無視して洗濯物をたたんでいると，少しして，N児は床のゴミを拾い隣室の台所のくず入れにそれを捨てに行く。そして，ゴミを捨て，自分から拍手をしつつ居間にいる母親のほうに歩いてくる。よいことをして，罪を帳消しにしようとしたようである。母親が「そんなことやってもあかん」と言うや，N児はワーンと泣き出してしまう。

（麻生の観察ノート）

【事例2】場の気まずい雰囲気をうまく変える（T男）

　1歳9カ月のT男が，母親と祖父母の4人で朝食をとっていたときのことである。T男はミロを飲んでいたのだが，急に「アッアッ」と要求し始める。母親が，あれが欲しいのかこれが欲しいのかと尋ねるが，すべて拒否する。そうこうしていると，拒否し手を払った拍子に，ミロのコップをひっくり返し，ミロを隣の祖父の膝にかけてしまう。T男はみんなに叱られ泣き出す。近寄って抱かれようとしても誰もT男を許さず抱き上げてくれない。そこで，T男は独り縁側で突伏す。近くにたまたまベルトがある。T男はそれに手を伸ばし，つかみちょっと何か言い，そして「オゥ，ア」と気を取り直したような声を出し，3人の大人のほうを向いてニッと笑顔を示す。大人たちはすぐに愛想よくしたわけではないが，このT男の能動的働きかけをきっかけに，ミロ事件は場の焦点からはずれていく。

（久保田，1993）

「甘さ」なのか否か，そもそも，自己と他者との内的な感覚の「質」を比べること自体が困難なのである。このように考えれば，他者が本当に何を感じているかは，結局その他者自身になってみなければわからないということになる。そして，現実に「他者の身になる」ことなど不可能だということを考えれば，しょせん他者の感じていることなど，わかるはずのないことだということになってしまう。

　さらに，この方向に議論を進めていくと，自己と他者とのコミュニケーションはそもそも不可能に近いといった結論になりかねない。同じことばを話していても，それぞれの個人がそのことばに込めている気持ちや意味が一人一人異なることは否定できない。よって，ことばを媒介にして同一の思想や同一の感情を，自己と他者とが相互に伝え合いそれらを分かち合うといったことは，どだい不可能なことだというわけである（デ・マーウロ，1970）。

言語ゲーム　このようなコミュニケーションの不可能性についてもっとも深く考えた哲学者がウィトゲンシュタイン（1953）である。たとえば，「イタイ」ということばは，いったい何を表しているのだろうか。個人の内的な「痛み表象」を表しているとすると，自己の「痛み」表象と他者の「痛み」表象が同一であるとどうして保証できるのかという難問が生じてしまう。このような袋小路から抜け出させてくれるのがウィトゲンシュタインの「言語ゲーム」という考え方である。「イタイ」ということばを，子どもはそのことばを用いるコミュニケーション・ゲームに参加することを通じて学ぶのである。それは，見よう見まねで将棋の差し方を学ぶのと似ている。まず「イタイ」ということばを用いる多様な具体的状況が存在する。そして，「イタイ」と

Topic 「痛み」の客観性と主観性

　同じ注射をしても，Aさんは痛がるのに，Bさんは痛がらないといったことが時として生じることがある。このようなとき，額面どおりAさんのほうがBさんよりも強く痛みを感じていると判断してよいのか，それとも，単にAさんはオーバーに痛がるふりをしているのにすぎないのだろうか。人の感じている苦痛を言語報告のみで判断するには悩ましい点がある。そこで開発されたのが次のような苦痛測定法である。白熱電球の光が被験者の黒く塗られた額に集中し，被験者が熱さを感じるようにセットされている。被験者が行うことは，自分の感じた痛みと同じ程度と感じるまで白熱電球に流れる電流をコントロールすることである。すなわち電流の大きさ（額の熱さ）で，その被験者の感じた苦痛の大きさを測定しようというわけである。カール・T・ジャヴァートとジェームス・D・ハンディーは，この測定法を用いて，2群の産婦について分娩中の苦痛を比較した。一方は，自然分娩法で楽なお産をする訓練をして出産した群である。他方は訓練を受けずに出産した群である。言語報告によると，前者のほうがお産の苦痛が少なかったと語る者が多い。ところが，上述の苦痛測定法で，分娩時の苦痛を見積もってもらったところ，両群には何ら差がなかったのである。この結果は，どのように解釈すべきだろうか。自然分娩法の訓練を受けた産婦も，口では痛みは軽かったと言いつつも，訓練を受けなかった産婦と同程度の苦痛を味わっていたのだろうか。あるいは，訓練を受けた産婦は，白熱電球の熱刺激に対しても苦痛をあまり感じなくなっていたのだろうか。

（南監訳，1976）

いうことばの用い方や，そこでの振る舞い方にもさまざまな様式がある。いわば，それらの集合が「イタイ」ということばの意味なのである。子どもは，徐々にこのゲームへと誘われていく。

　子どもの痛みについて「イタイ」と最初に表現するのは，けっしてその子ども自身ではない。周囲の大人がまず「イタイのイタイの飛んでけー」といったように子どもの痛みについて語り始めるのである。周囲の大人は，あたかも子ども自身の痛みがわかっているかのように，子どもの感じている痛みについて「イタイ」ということばを用いるのである。その意味で「痛み」は，最初，内的なものというよりは，公共的に知覚され得るものと結びついているといえよう。

　子どもはしばしば自分の古傷を指さして「イタイイタイ」と言う。目に見える「イタイ」は，古傷や血だけではない。ある子どもは，1歳3カ月の時に，検温器や注射器を見て「イタイ」と言えるようになり，1歳7カ月の時に，犬の絵本に鉛筆で穴をあけてしまい「イタイイタイ，ワンワン，イタイ」と言っている（村田，1968）。子どもたちは，周囲の大人たちの「イタイ」ということばを，知覚し得るさまざまな手がかりに結びつけ，そこからしだいに「イタイ」ということばの流暢な使い手になっていくのである。

　ウィトゲンシュタイン（1953）が語っているように，「〈痛み〉という概念は，あなたは言語とともに学んだのである」（藤本訳）。つまり，「イタイ」という概念は，「イタイ」ということばを媒介にする人間のコミュニケーション活動（言語ゲーム）の中で生み出された<u>文化的な構成物</u>なのである。このことは，現在「イタイ」という概念に結びつけられている「苦痛の情動表出」が（文

Topic 「ユメ」ということばの学習

　犬や猫にもしばしば彼らが夢をみているような寝ぼけた行動が観察される。しかし，彼らは自分たちが夢をみていることを知らない。それは，彼らが「ユメ」ということばを知らないからである。子どもたちが自分が夢をみていることに気づき，それを「ユメ」と表現できるようになるにはかなりの時間がかかる。最初，子どもが「ユメ」をみていると判断するのは，子どもではなく周囲の大人である。子どものみている夢の内容を察して，それをことばに置き換えるのである。その意味で，夢は最初，「私的」なものというよりは「公共的」なものなのだといえよう。次の例は，筆者の次男Yと母親とが初めてYのみた夢について会話したエピソードである。このYが後に自分から「ユメをみた」と初めて報告するようになるのは3歳0カ月のことである。

【事例】 Yが1歳11カ月11日のことです。昼寝の最中に急に「ギャー」と大声で泣き出すので，母親が側に行って「どうしたの？」と尋ねると，Yは「ユーチャン・バン（Uちゃんがバンとたたいた）」,「カーハン・ダッコ（お母さんダッコして）」と泣きながら訴える。母親が「Uちゃんにバンされたの？」と尋ねると，「ウン」と応える。（2歳10カ月年長の）兄のUも横で昼寝をしているので，母親が「それは夢だよ，Uちゃんはネンネ，Y君もネンネ」と言うと，夢と現実との境にいるように「ユーチャンハ？」と尋ねる。

(麻生, 1996)

化に依存せずに）種としてのヒトに普遍的に存在することとなんら矛盾しない。「イタイ」という概念は，痛覚という私的感覚（表象）にレッテルのようにつけられた名称ではけっしてない。また逆に，「苦痛の情動表出」にまったく無関係に作られたものでもない。ウィトゲンシュタインが指摘しているように，子どもは「イタイ！」ということばを獲得することによって，顔を歪め泣きわめくといった苦痛表出行動におき換わる新しい苦痛表出行動（new pain-behaviour）を獲得したのである。

欲望の心理学から信念の心理学へ

子どもはいつ頃から，**他者の気持ち**がわかるようになるのだろうか。1歳の誕生日前後には，多くの子どもが他者の表情をその意味も含めて基本的に認知できるようになる（チャールズワースとクロイツァー，1973）。また，この頃には子どもは，自己を他者と基本的に同型的な存在として組織化するようになる。この時期を過ぎると，すでにみてきたように，子どもが他者の意図を理解した兆候を示すことも次第に増えてくる。さらに年齢とともに，意図をめぐって他者とさまざまな駆け引きを行うようなことも多くなってくる。そして，2歳の誕生日前後にもなると，子どもは「他者のふり」をするなど，**象徴的なレベル**で自己を他者と等値のものとして認識できるようになり，自己を**イマジネーション**によって仮に他者の立場におくといったことが可能になってくる（麻生，1984）。

このように，1歳から2歳にかけての時期に，子どもは，**他者理解**に関して大きな進歩を遂げるのである。このことは，従来から事例的な観察エピソードの紹介を通じて指摘されていたことでもある（麻生，1980）。だが，そのことが実験的な手続きで確かめられたのは，ごく最近のことである。リパチョリとゴプニック

Topic 荘子「魚の楽しみ」を知る

　子どもは先に自分自身が「楽しい」ということばを学習して，次に，他者の立場に身をおきその状態を推論して，他者の「楽しい」ということばを理解するようになるのではない。自己の「楽しい」と他者の「楽しい」は，自他に共通する同一の「楽しい」ということばのやり取りを介して，ほぼ似た時期に学習されるものなのである。他者の「楽しさ」は，推論によって理解されるというよりは，このことばの言語ゲームを習得したものには直接知覚されるものなのである。紀元前4世紀の荘子（B.C. 369-286）が語っているのも，これと同じ考えであるように思われる。

　　荘子が恵子といっしょに濠水の渡り場あたりで遊んだことがある。そのとき，荘子はいった，「はやがのびのび自由に泳ぎまわっている，これこそ魚の楽しみだよ。」ところが恵子はこういった，「君は魚ではない，どうして魚の楽しみがわかろうか。」荘子「君は僕ではない，どうして僕が魚の楽しみをわかってはいないとわかろうか，」恵子「僕は君ではないから，もちろん君のことはわからない，（してみると，）君は魚ではないのだから，君に魚の楽しみが分からないことも確実だよ。」荘子は答えた，「まあ初めにかえって考えてみよう。君は『お前にどうして魚の楽しみがわかろうか，』といったが，それはすでに，僕の知識のていどを知ったうえで，僕に問いかけたものだ。（君は僕ではなくても，僕のことをわかっているじゃないか）。僕は濠水のほとりで魚の楽しみがわかったのだ」。

　　　　　　　　　　　　　　　　　　　　（金谷訳，1975）

他者の心を知る

（1997）は，生後 14 カ月児（平均 14.4 カ月；レンジ 13.8 カ月〜14.9 カ月）81 名と生後 18 カ月児（平均 18.3 カ月；レンジ 17.7 カ月〜18.9 カ月）78 名に対して次のような興味深い実験を行った。

他者の味の好みを理解する　子どもに生のブロッコリーとクラッカーを提示する。子どもが生のブロッコリーよりクラッカーを好むことを確認した後，実験者がそれぞれを目の前で食べてみせる。一致条件群の子どもたちの前では，実験者はクラッカーを食べて幸せそうな表情をして「ムム」と声を出し，ブロッコリーを食べて不快な表情をして「オェ」と声を出す。不一致条件の子どもたちの前では，逆においしそうにブロッコリーを食べ，まずそうにクラッカーを食べてみせる。いずれの条件でも，実験者は両者を食べてみせた後に，クラッカーとブロッコリーの食器から等距離の中間点に手のひらを出し，「もっとちょうだい」と子どもに要求する（図 4-6）。

生後 14 カ月児の 68％（55 名）は，実験者の要求に応じることができず，ブロッコリーもクラッカーも実験者に差し出すことができなかった。しかも，一致条件の 54％に対し，不一致条件では 81％の者が実験者の要求に応じることができなかった（1％水準の有意差）。これに対して，要求に応じられなかった 18 カ月児は 30％（23 名）にすぎず（14 カ月児と 1％水準の有意差），しかも一致条件と不一致条件との間に，要求に応じられなかった者の割合に有意な差はなかった。このような結果は，14 カ月児が自分の好みと実験者の好みが異なることにとまどっていることを示しているといえるだろう。

実験者の要求に応じて，どの食べ物を差し出したのかを示したのが図 4-7 である。実験者の要求に応じることのできた 14 カ月

もっとちょうだい

どっちをあげる？

図4-6　他者の味の好みを理解する

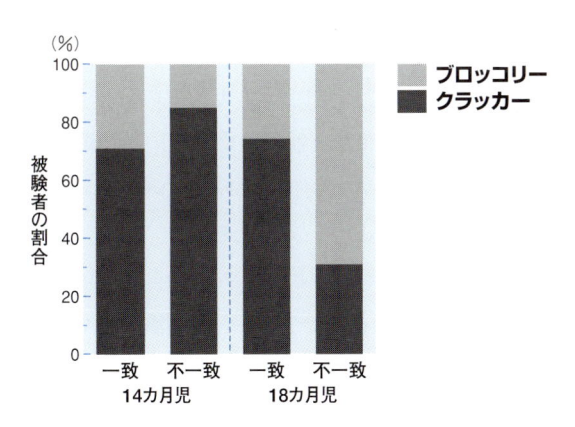

図4-7　年齢と一致・不一致条件による差し出した食べ物の種類の割合
（リパチョリとゴプニック，1997）

児（26名）は，一般に，ブロッコリーではなくクラッカーを実験者に差し出す傾向が強かった。よって，不一致条件では，誤反応（実験者の好みの表出を正しく考慮できない反応）が多い。これに対して，要求に応じることのできた18カ月児（55名）の内73％は，正しく実験者の好みの表出を考慮して食べ物を差し出すことができた。しかも，一致条件であろうと不一致条件であろうと，実験者の好みの表出を正しく考慮できた人数に違いはなかった。以上の結果から18カ月児には，先行する他者の好みの表出を考慮して，他者の食べ物の好みをうまく推論する力が生まれつつあると考えられる。

　また，そのような力は，同じ18カ月児であってもより年齢の高い子どもたちのほうが優れていた。18カ月児55名を年齢の中央値（18.27カ月）で二分して対比したのが，図4-8である。自分の好みと実験者の好みが不一致の場合，自分の好みのものを自己中心的に実験者に差し出した者は，年少の18カ月児の群では50％であったのに対して，年長の18カ月児の群では8％しかなかった。このような結果は，他者の「好み」＝「願望（desire）」を推論し考慮する力が，18カ月頃のある短い期間に急速に伸びてくることを示唆しているといえるだろう。

子どもたちの心理学

　子どもたちが，自分の心や他者の心を理解していくプロセスは，今日，「心の理論」という名のもとに数多くの研究者の注目を集めている（図4-9）。バーシュとウェルマンは，8名の子どもの言語発達のデータ・ベースを詳しく吟味して，「欲しい（want）」「好き（like）」「思う（think）」「信じる（believe）」「知る（know）」などの心的用語の用い方の分析から，次のような発達のコースを明らかにしている（バーシュと

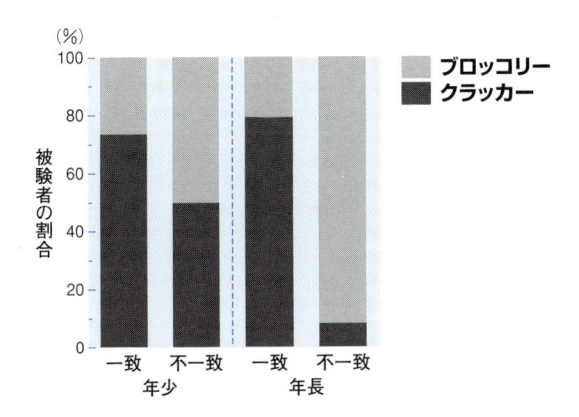

図4-8 中央値で生後18カ月児を二分した年齢群と一致・不一致条件による差し出した食べ物の種類の割合
(リパチョリとゴプニック, 1997)

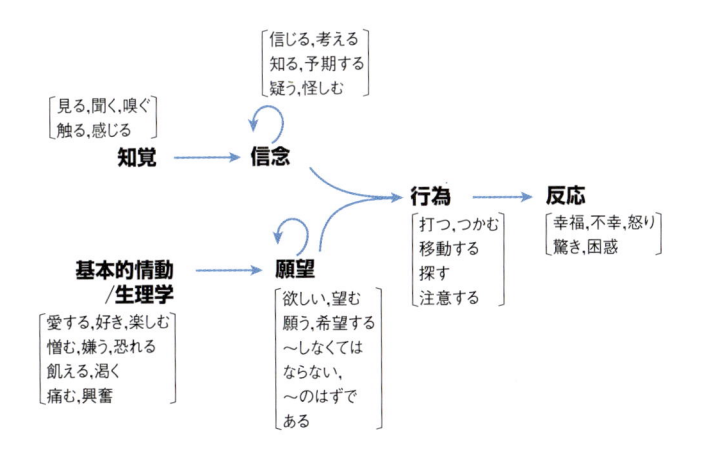

図4-9 「信念・願望」心理学 (ウェルマン, 1993)
私たちの日常的な「心の理論」に用いられるさまざまな構成概念の組織化を示す図。

ウェルマン，1995）。

　2歳前半から2歳後半にかけて，子どもはまず「願望心理学（desire psychology）」という「素朴心理学」を手に入れる。子どもは「欲しい」や「好き」といったことばをさまざまな場面で用いることができるようになり，自分自身の「願望」だけではなく他者の「願望」についても語れるようになる。また，かなり幼い時から，「欲しかったのに，もらえなかった」というような，「願望」と「事実」とを対比するような発言が観察される。また，たとえば「弟が泣いたのは，あれが欲しかったからだ」というように，「願望」の概念を用いて他者の「感情」を説明するような発話もかなり早くから存在する。

　次にくるのが，3歳の誕生日頃から始まる「願望・信念心理学（desire-belief psychology）」の段階である（図4-10）。子どもたちは，「願望」だけではなく「思考（thought）」や「信念（belief）」についても語り始める。子どもたちは，「おもちゃ箱の中にあると思っていたけれど，なかった」というような「誤信念（false belief）」についても語る。とはいえ，3歳から4歳にかけて，多くの場合，子どもたちは「思考」や「信念」といった概念を用いて人間の行為を理解しようとはしない。子どもたちは，「思考」や「信念」についてよりも，はるかに頻繁に「願望」について語る。子どもたちは，日常的な発話では人々を「信念」をもつ存在として描き出すのではあるが，いざ自分や他者の「行為」を説明する段になると，もっぱら「願望」に訴えるのである。

　バーシュとウェルマンの分析した7名の子どもたちは，自己の「思考」や「信念」について語れるようになるのとほぼ似た時期に，他者の「思考」「信念」についても語れるようになっている

願望
「リンゴが欲しい」

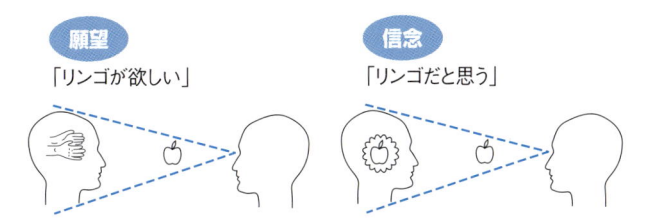

信念
「リンゴだと思う」

図4-10 願望と信念（ウェルマン, 1993）
何かを欲しがっている他者のことを理解することと何かがあると思っている他者のことを理解することと対比させる図。前者には願望の対象の心的表象が用いられ、後者には、信念の対象の心的表象が用いられている。

表4-4 自分の「心」と他者の「心」（バーシュとウェルマン, 1995）

子ども		言及した発話数	最初(3回目)に言及した年齢
アダム	自己	282	2;11 (2;11)
	他者	102	3;0 (3;0)
アベ	自己	482	2;8 (2;8)
	他者	173	2;10 (2;11)
サラ	自己	156	2;9 (3;0)
	他者	67	2;10 (3;7)
ロス	自己	194	2;7 (2;11)
	他者	109	3;0 (3;3)
ピーター	自己	29	2;4 (2;5)
	他者	3	2;9 (3;1)
ナオミ	自己	19	2;11 (2;11)
	他者	6	2;8 (3;3)
マーク	自己	21	3;6 (3;8)
	他者	10	3;5 (3;8)
小　計	自己	1,183	
	他者	470	
合計発話の数		1,653	

＊自己の信念や思考に言及した発話総数と他者の信念や思考に言及した発話総数、および、自己のそれへ最初に（3回目に）言及した年齢、同様に他者へ言及した年齢。
＊1;1は1歳1カ月のこと。

他者の心を知る

（表4-4）。

　第3段階が「**信念・願望心理学（belief-desire psychology）**」をもてるようになる段階である。通常4歳以降，子どもたちは人々の「感情」や「行為」を彼らの「思考」や「信念」によって説明するようになる。人の行為というものが，その人の「思考」や「信念」にもとづいたものであることを理解するようになるのである。たとえば，「姉が冷凍庫の中を探し回っている」のは，（母が食べてもうなくなっているのに）「姉がまだ『冷凍庫の中にアイスクリームがある』と思っている（＝誤信念）からだ」というように，姉の「**誤信念**」によって姉の「行動」を理解できるようになるのである。

「心の理論」と自閉症の子どもたち

バロン・コーエンらは，（高い言語能力をもつ）自閉症の子どもたちが，彼らよりも精神年齢が低いと思われるダウン症児や健常児と比較して，他者の心を理解するのを苦手にしていることを「**誤信念課題**」を用いて見出した（バロン・コーエンら，1985）。

　誤信念課題とは，次のような課題である。子どもに人形劇を見せる。サリーという人形がビー玉を自分のカゴの中に入れてから外出する。サリーのいない間に，人形のアンがそのビー玉を自分の箱の中に隠してしまう。その後，サリーが外出から戻ってくる。そこで，「サリーはビー玉を求めてどこを探すだろうか？」というのが問である（図4-11）。

　その結果，**精神年齢**は自閉症の子どもたちのほうが高かった（**自閉症児**：非言語的精神年齢平均9歳3カ月，言語的精神年齢平均5歳5カ月／**ダウン症児**：非言語的精神年齢5歳11カ月，言語的精神年齢2歳11カ月）にもかかわらず，表4-5に示したよ

図4-11 「アンとサリーの課題」＝「誤信念課題」のシナリオ (バロン・コーエンら, 1985)

表4-5 健常児・ダウン症児・自閉症児の中で2つの誤信念課題を2課題とも正解した人数 (バロン・コーエンら, 1985)

	生活年齢	2課題とも正解
健常児	平均4歳5カ月	23名/27名中
ダウン症児	平均10歳11カ月	12名/14名中
自閉症児	平均11歳11カ月	4名/20名中

うに，自閉症の子どもたちはこの誤信念課題をきわめて苦手にしていたのである。自閉症の子どもたちの80％（20名中16名）は誤信念課題2課題中2課題とも，サリーは現実にビー玉が存在する場所（箱の中）でビー玉を探すと答えた。つまり，彼らはサリーが「ビー玉がカゴの中にある」という誤信念を抱いているとは思い至らなかったのである。

　自閉症の人たちが他者の「思考」や「信念」だけではなく，他者の感情や意図を理解するのも苦手にしていることは，その後のさまざまな研究でも広く確認されている。今日，自閉症の人たちのハンディキャップの一つが「心の理論」の障害にあるのだという考えは広く受け入れられている（バロン・コーエンら，1993）が，その根本原因となる障害が何かということに関しては，さまざまな見解があり（麻生，1993）まだ決着をみていない。自閉症の人たちの障害は大脳の前頭前野の実行機能にあるという説が有力ではあるが（熊谷，1993；ロジャーズとペニントン，1991），実行機能の障害の有無についても一筋縄でまとめにくいさまざまな検査結果が出ている（ラッセルら，1999；グリフィスら，1999）。

> **心の理論と障害をもつ子どもたち**　学習障害（LD）や注意欠陥多動性障害（ADHD）の子どもたちにもコミュニケーションや他者理解にさまざまな問題がみられることがある。イギリスの自閉症研究の権威であるローナ・ウイング（1996）は，自閉症の障害を広くとらえ，重い知的障害のある人からアスペルガー症候群とよばれる高機能の人に至るまですべてを自閉症スペクトルととらえている。彼女の考えからすれば，多かれ少なかれ「社会的相互交渉」「コミュニケーション」「想像力」の3つの領域に障害を受けている人はすべて自閉症スペクトルに属するのである。

Topic 「心の理論」と「メタファー」や「アイロニー」の理解

ハッペ（1993）は，自閉症の人たちを以下の3つの群に分けて興味深い事実を明らかにしている。No-ToM（= No-Theory of Mind）群：他者に誤信念を帰属させる「アンとサリー課題」のような「第1次誤信念課題」を通過できなかった6名（平均17.6歳；語彙知能指数＝平均62.3）。1st-ToM群；「第1次誤信念課題」を通過したが，他者に信念についての誤信念を帰属させる（たとえば，サリーはアンが箱の中にビー玉を入れたのを知っているが，「アンは『サリーがビー玉はカゴの中にあると思っている』と間違って思っている」）「第2次誤信念課題」を通過できなかった6名（平均15.8歳；語彙知能指数＝平均81.5）。2nd-ToM群；「第2次誤信念課題」を通過した6名（平均17.5歳；語彙知能指数＝平均89.5）。

「メタファー課題」：デイヴィッドはケーキを作るために卵をボールの小麦粉の中に入れるように言われた。彼は卵を殻付きのままボールの中に入れた。母親はこれを見て「あなたの頭は木で作られてるのね」と言った。そこで質問。「デイヴィッドの母親の言ったことはどういう意味？　彼女は，デイヴィッドは賢いといってるの，それとも馬鹿って言っているの？」。この種の課題を5課題。

「アイロニー課題」：父親がその時帰ってきてデイヴィッドのしたことを見て「なんておまえは賢いのだ，デイヴィッド」と言った。そこで質問。「デイヴィッドの父親の言ったことはどういう意味？　彼は，デイヴィッドは賢いといってるの，それとも馬鹿って言っているの？」。この種の課題を5課題。

結果は，表4-6のように，メタファー理解のできるのは，第一次誤信念課題を通過した1st-ToM群と2nd-ToM群であり，アイロニーを理解できるのは，第二次誤信念課題を通過した2nd-ToM群であるというきれいな結果になっている。

また，児童期に**注意欠陥多動性障害**を示した子どもが思春期になって**行為障害**を示すことが少なくないと指摘されている（福島，2000）。行為障害というのは，他者の基本的人権を侵害するなど，社会的規範を侵害する行動パターンを顕著に示す子どもたちを指す症候群である。たとえば神戸の連続児童殺傷事件加害者である14歳の少年Aは行為障害であったと診断されている（**Topic**）。他者の心をしばしば踏みにじる行為障害の子どもたちが「心の理論」に関して何らかの障害をもっているのではないかというのは，当然考えられる仮説である。

　ハッペとフリス（1996）は，平均9歳8カ月（言語的精神年齢7歳10カ月）の行為障害の子ども18名にさまざまな調査や検査を行い，彼らの「**心の理論**」について検討している。その結果，平均8歳1カ月（言語的精神年齢8歳0カ月）の健常の子ども8名と比較すると，行為障害の子どもたちは，「相手のメッセージの理解力」「読み書き能力」「対人関係のもち方（男女いずれの友人ももつなど）」「遊びや余暇の過ごし方（簡単なゲームにおいてルールに従うなど）」「対人的対処スキル（どのように他者への感受性や責任感を示すか）」などの領域の得点が，有意に低かった。また彼女たちが「社会性やコミュニケーション」領域に項目を追加し改良を加えた補足調査項目から，**表4-7**のような結果を得ている。この表の〈交渉的社会性〉と名づけられた項目は彼女たちが「心の理論」を必要とすると考えた16項目である（彼女たちの研究によれば，これらの項目によって，精神年齢が同じである知的障害をもつ子どもたちと自閉症の子どもたちとを判別することが可能であるとされている）。

　表4-7をみてわかるように，行為障害の子どもたちはこれら

表4-6 メタファーとアイロニー課題 (ハッペ, 1993)
3つのToM (Theory of Mind) 群の自閉症の人たちの成績 (両課題それぞれ5課題で5点満点)。

	メタファー	アイロニー
	平均 (分散)	平均 (分散)
No-ToM 自閉症群	2.33 (0.82)	1.33 (0.52)
1st-ToM 自閉症群	4.67 (0.82)	2.50 (1.76)
2nd-ToM 自閉症群	5.00 (0.00)	5.00 (0.00)

Topic　DSM-Ⅳによる行為障害の診断基準

【A】以下の項目に示すような他人の基本的な権利や年齢にふさわしい主要な社会的規範や規則などを侵犯する行動パターンが持続し反復して存在していること。すなわち、過去12カ月間に該当する項目の3つ以上存在し、かつこの6カ月以内にも該当する項目が1つ以上存在すること。

人や動物への攻撃：A1（他者をいじめたり脅かす）、A2（暴力的喧嘩をする）、A3（ナイフなど武器を用いて他人に重大な危害を加える）、A4（人の身体に残酷なことをする）、A5（動物の身体に残酷なことをする）、A6（強奪する）、A7（性的関係を強いる）。

損害や損失を与える：A8（放火）、A9（他人の財産の破壊）。

詐欺あるいは盗み：A10（他人の家や建物や車を壊して侵入する）、A11（品物や好意を得るために嘘をつく）、A12（強奪するのではなくこっそりと重要な物品を盗む）。

重大な規則の違反：A13（親の禁止にもかかわらず夜に家の外にいる、13歳以前に始まる）、A14（2回以上無断外泊する）。

【B】行動の乱れが原因で社会生活や学業や職業に臨床的に無視できない障害が発生している。

【C】その個体が18歳以上であれば、反社会的人格障害の判定基準には合致していないこと。

(APA, 1994)

の16項目中7項目において健常の子どもたちと異なっている。これらの結果は，行為障害の子どもたちが，日常的な場面において「他者に心を付与して考慮する」ことに障害があることを示唆している。とはいえ，彼らは，いわゆる「アンとサリー」課題などを苦手にしているわけではない。彼らはなんなくその種の課題は通過（成功）しているのである。

自閉症の子どもたちにもそのような誤信念課題を通過する，いわゆる高機能の自閉症とよばれる子どもたちがいる。行為障害の子どもたちをそのような自閉症の子どもたちと比較したところ，前者には「風変わりなしゃべり方」や「あるものへの過度の固執」などの「奇妙さ」が有意に少なく，代わりに「いじめる」などの「攻撃性」が有意に多かった。「心の理論」になんらかの障害があるとしても，彼らは典型的な自閉症とはまた異なった症候群であるといえるだろう。

ハッペとフリスは，まだ仮説的ではあるが，行為障害の子どもたちが「嘘」を「冗談」と間違ってとらえたり，「好意」を「悪意」として勘違いしたり，事実とは違う誤った「心」を他者に帰属させてしまう可能性があることを示唆している。そのような彼らの「心の理論」の特性を的確に理解することが，彼らに適切なケアを施していくためにも，今後大切になっていくように思われる。

今日「心の理論」の課題を用いた幼児・児童社会認知スクリーニングテストなどがわが国でも開発されつつある（柿沼と紺野, 1999；森永, 2001）。

表4-7 行為障害と健常の子どもとの社会性の比較
（ハッペとフリス，1996）

行為で示す社会性	行為障害	健常
適切なテーブルマナーを示す*。	44.4	75
何か頼むときプリーズと言う*。	38.9	100
玩具で遊ぶとき許可を求める*。	61.1	100
間違ったとき謝る*。	22.2	75
交渉的社会性	**行為障害**	**健常**
適切なプレゼントを選ぶ。	27.8	37.5
会話における暗示/間接的な手がかりに応答する*。	22.2	87.5
うちわけ話をする。	38.9	75
他人の驚きや当惑を認知する*。	55.5	0
他者に関心を示す会話を自分から始める*。	27.8	100
柔軟な軽口を自分から発する*。	50	100
欠如した重要な情報を補足する。	33.3	37.5
考えを一通りではなくさまざまな形で表現する。	66.7	100
人を当惑させるような発言を控える。	27.8	62.5
洗練されたごっこ遊び的活動に興じる*。	61.6	100
さまざまな人個々人に応じたふさわしい行動を知っている。	72.2	100
隠したり見つけたりして遊ぶ，あるいはうまくだます。	72.2	87.5
現実的で長期的な目標や計画を抱く。	27.8	25
適切な期間秘密を保持する。	50	75
他者の感情を害したことを謝罪する*。	16.7	62.5
行為の結果を慎重に吟味する*。	22.2	62.5

〈活動における社会性〉，〈交渉的社会性〉をチェックするための補足調査項目，各項目ごとのその項目が問題とされた子どもの割合。ただし〈活動における社会性〉については健常児群と有意差のあった項目（*）のみを記載する。

他者の心を知る

🔵🔵🔵 参考図書

麻生　武・綿巻　徹（編）　1998　遊びという謎　ミネルヴァ書房

　自閉症の人たちへの援助の視点から，遊びとは何か，第一線の研究者たちがそれぞれの立場から論じたユニークな書物。

子安増生　2000　心の理論　岩波科学ライブラリー

　流行の「心の理論」についてわかりやすくしかも本格的に論じた格好の入門書。

浜田寿美男（編）　1992　「私」というもののなりたち　ミネルヴァ書房

　障害をもつ子どもたちについて長年の発達研究会から生まれた独自の自我発達論。

ウタ・フリス（著）　冨田真紀・清水康夫（訳）　1991　自閉症の謎を解き明かす　東京書籍

　「心の理論」との関連で生まれた自閉症に対する新しい考え方を紹介した好著。

広がる想像の世界 5

　人には豊かな想像力がある。だからこそ，鳥のように空を飛んでみたいと思う。そして，その強烈な思いが，イカロスの神話などの物語を生み，同時に実際に「空を飛んでやろう」という試みを生み，その結果，「飛行機」とよばれる機械を手に入れたのである。想像力は夢や希望，物語を生み出す原動力である。子どもたちは，ことばを理解し始めるや，この想像世界の入口に立つ。すでに存在するさまざまな物語が，子どもたちに押し寄せてくるのである。「パパ」や「ママ」も，また，「今日」や「明日」も一つの物語である。子どもたちはまず，そのような他者の生み出した想像世界を受け入れる必要がある。子どもたち自身も，周囲の人たちに手をとられつつ，急速に自分たちの想像力をフル回転させ始める。3歳児は大きくなったら「ブタさんになりたい」，「チューリップになりたい」（森，1994b）と目を輝かせて語るのである。

● パン食い競争
　（Y：4歳9カ月23日）

想像の世界の開花

空想の散歩 2歳過ぎ，象徴能力を身につけ，3語や4語の多語発話の世界に足を踏み入れ始めるや，子どもたちの心は「今・ここ」を越えた想像の世界に向かって羽ばたき始める。とはいえ，子どもたちは想像の世界と現実の世界とを区別したうえで，想像の世界に向かっていくわけではない。そもそも，現実の世界を把握するためには，想像力が不可欠なのである。「父親が会社にいって今不在だ」という現実を理解するには，不在の「父親」をイメージし，しかも「会社」という見たこともない場所を想像する力が必要なのである。ことばを自由に話し始めた子どもたちは，現実を理解するためにその想像力を思いっきり働かせ始める。

表5-1は，私の息子U（2歳0カ月7日）が部屋の中にいながら，父親（私）に助けられつつ，近くのどんぐりの落ちている神社に行き，そこからマンションの3階にある自宅まで帰るという「空想の散歩」を行った際のやりとりである。Uが空想の電車（ゴーゴー）を走らせトンネルをくぐらせたりする話をするので，父親が電車がどこへ行くのか尋ねたのがきっかけである。Uは部屋の中でじっと座ったまま，いつも現実にドングリ拾いに行っている神社に行き，そこでドングリを2つ拾って，家でそのドングリで遊ぼうと思って，家に向かう途中で「アッ，ボクトコオウチ見エター」と言い，家に帰宅するという話をしている。この会話には興味深い点が3つある。

1つ目は，「いま・ここ」を離れた場所での自己の体験を，知覚過程（見エター）や思考過程（アッタ，コベ，オウチトッコ行ッテアショボット：ドングリを見つけ，それを家に持ち帰り，それで遊ぼうという計画）を含めた形で，イメージ化し言語化して

表5-1　2歳0カ月の子どもの空想の散歩 (麻生, 1990)

息子 (U)	父　親
ドングイモトコ。	特急、どんぐり春日神社のとこまで行ったね、どんぐりあるかな？
アッ、ナイ。	どんぐりないの残念だね。
ヒトチュダケ。	1つだけあった？
ウン、イッパイモアユゾ。	いっぱいあった？　どんぐり。
フタチュ、フタチュモアユゾ。	2つもあったの、いいね。
ウン、アー、アッタ、ヨイショ、コベ、オウチトッコ行ッテアショボット。	どんぐりおうち帰って遊ぶの、いいなあ。
ヨイショ、ヨイショ、ヨイショ、アッ、ボクトコオウチ見エター。	

よく散歩に行くどんぐりの落ちている神社からの帰り道、家の近くになると実際にマンション3階のUの家が見える。

	Uちゃんとこおうち見えたね。
ウン。	Uちゃんとこおうちどこかな？
ウエ。	上にあるね、Uちゃんとこおうち高いとこにあるね、早くおうちに帰ろ。
ヨイショ、ゴーゴーオウチ見エタ。	ゴーゴーのおうちも見えたの、いいなあ。
ウン、ヨイショ、ヨイショ、アッ、ボクオウチツイタ。	僕のおうち着いたんだね、いいね。
ハイヨット。	おうち入るの？
ウン、ヨイショ、ヨイショ、アショボー、カーシャン、アショボー。	母さんと遊ぶの？
ウン。	母さんお仕事でいないよ（現実に母親は仕事に出かけ目下不在）、誰が居るかな？
ゴーゴーカーシャンイル。	ゴーゴーの母さんいるの？
ウン。	いいなあ。
ヨイショ、カーシャン、トーシャンハ今ハゴミ。	トータン今ゴミ捨てに行っているんだね（ゴミ置場は1階にある）、ゴーゴーのトーサンかな？
ウン、マトワンモ、マトクーントータンモキタ。	まこと君（時々母子で遊びに来るUの友達）のお父さんも来たの、いいな。

想像の世界の開花

いる点である。2歳0カ月の幼児が自己の体験プロセスを時間を追って言語化し仮想現実を立ち上げているのである。

　2つ目は，この話が自己の体験プロセスときわめて似かよっているが，基本的には空想の電車（ゴーゴー）の体験として物語られている点である。このことはUが「ゴーゴーオウチ見エタ」（Uの家でもあるが電車の家でもある），「ゴーゴーカーシャンイル」（Uの母親はいないが電車のお母さんはいるという意味）などの台詞から理解できる。以上の会話がそもそも父親が「ゴーゴー（電車）はどこに行くの？」と尋ねたことをきっかけに始まっていることから，Uがあくまでも電車（ゴーゴー）の体験ストーリーとして語っていることがわかる。

　ゴーゴーというのもある種の他者であると考えれば，この「空想の散歩」のエピソードは，2歳0カ月の幼児が，自己の体験をベースにしてそこから他者の知覚過程や思考過程を含んだ形で他者の体験をシミュレーション的に「物語る」基本的な力をもっていることを示しているといえるだろう。このことは，他者の立場を共感的に理解するシミュレーション能力（ハリス，1991）が，2歳誕生日頃の象徴能力の誕生を境に徐々に発現してくるとする考え（麻生，1997a）の正しさを示唆しているように思われる。

　3つ目は，以上で示されているような能力は，けっしてUの単独の力によるものではないということである。そこには父親の巧妙な支えと援助がある。一般に子どもは，このように周囲の大人の足場（scaffolding）に支えられてその能力を発達させていくものである。言語発達のまだ入口近くにいる子どもたちの想像力を展開させていくためには，まだまだ周囲の大人の助力が必要なのである。子どもは独りで他者をシミュレートし，他者を理解し

Topic 幼児期の「想像上の仲間」① ― M子

　幼児期の想像上の仲間（空想の遊び友だち）についての報告は，多くの場合，子どもの周囲の大人たちによって報告される。以下の例は，和田ら（1990）がある母親から聞き取った事例である。

　M子とE子とは姉妹である。M子が長女で，E子は1歳7カ月年下である。2人は東京近郊の団地に住んでいる。核家族で，母親は就労しているため2人は保育所に通っている。

　M子に想像上の仲間が出現したのは2歳10カ月の時である。M子が2歳7カ月の頃，母親はS保育園の園長の講演会を聞いたり，その著書を読んだりしていた。2歳9カ月の時に，母親が仕事のために外泊するということがあった。想像上の仲間が出現し始めたのは，その直後頃からである。M子は外向的でおてんばな女の子ではあるが，この頃には「雷」「魔女」「鬼」などを極度に怖がるようになっていた。また当時，M子はごっこ遊びを盛んに行い，とりわけ幼稚園ごっこが気に入っていた。出現した想像上の人物は，母親が関心を寄せていた現実のS保育園に存在すると仮定された「S先生」であった。M子は，母親が新しい歌を歌ってやると，「その歌知ってるよ。S先生が歌ってくれたよ」と言ったり，保育所に行く途中で父親や母親に「S保育園のS先生の所にはおもちゃがいっぱいあるんだよ」などと語った。このような台詞は，現実の保母や友だちや祖父母に対してもなされた。しかし，M子が「S先生」と直接にやりとりしているような場面は観察されなかった。「S先生」が出現してしばらくして，M子は「お留守番している」といったり「一人で寝られるよ」と父母とは別室で寝ると主張したりするようになっている（3歳1カ月）。3歳3カ月には「S先生」はほとんど現れなくなり，保育所を替わった3歳6カ月以降まったくみられなくなっている。

（和田ら，1990）

ていくのではない．周囲の大人たちに手をとられ導かれて，徐々に他者を理解するようになっていくのだといえよう．

想像上の仲間（空想の遊び友だち）

p.155，p.157のTopicのM子とE子の例からもわかるように，「想像上の仲間」というのは，子どもが数カ月もの間しばしば，会話の際にそれについて言及したり，自分の遊び相手としてみなしているかのように振る舞ったりする空想の存在のことである．先に紹介した私の息子のUの場合には，そのような現象は観察されなかったが，先述した「ゴーゴー（電車）」の「空想の散歩」のエピソードは，2歳過ぎの子どもが「目に見えない架空の存在」を立ち上げる力をすでにもち始めていることを示唆しているといえるだろう．

スベンセン（1934）はシカゴ郊外の母親グループの月例会に出席させてもらい，子どもが「想像上の仲間」をもっているか，またはもっていたケースを40組集め，「想像上の仲間」について母親と子どもにそれぞれ個別にインタヴューした．その結果，「想像上の仲間」が出現した時期は，40ケース中37ケースが4歳の誕生日以前であり，出現の中央値は2歳5カ月であった．このようなデータも，子どもたちの想像力が早い時期に開花し始めることを物語っているといえるだろう．

また，興味深いのは，スベンセンの調べた40ケースすべてにおいて，子どもたちが自分たちの「想像上の仲間」について，少なくともある時期までは両親あるいは兄弟姉妹の前でオープンに語っていたことである．このことは，幼い子どもたちが「想像上の仲間」をもつ際に，それについて周囲の者と会話することが重要な機能を果たしていることを示しているように思われる．おそらく，「想像上の仲間」は，家族の会話の中で話題にされ言及さ

Topic 幼児期の「想像上の仲間」② ── E子

　妹のE子に想像上の仲間が出現したのは3歳7カ月頃である。3歳6カ月にそれまでの保育園から別の保育園に替わっている。保育園では一人遊びをしていることが多かったが楽しそうに通っていた。この頃（3歳7カ月）に，「Miちゃん」という想像上の仲間が出現した。「Miちゃんと遊んだの」「今Miちゃんと帰ったの」などと言うようになった。3歳8カ月には，朝自分の調子が悪いと泣きながら「Miちゃん足が痛いんだから……」などと，都合が悪くなると「Miちゃん」を登場させたり，保育園や家庭でも「Miちゃん」と遊んでいる様子が観察されるようになっている。その後，現実の友だちができるにつれ，少しずつMiちゃんの出現頻度は少なくなってきた。4歳5カ月，友だち関係が拡大し近所の友だち2人と「小学校ごっこ」をして初めてあそべた日に「Miちゃんどこか知らないところへ行ってしまって，うちへ帰れなくなった」と語り，それから以降，「Miちゃん」は出現しなくなった。ところが，4歳11カ月の時に，転居に伴い転園したことを契機にふたたび「Miちゃん」が出現した。E子が，姉や両親に「Miちゃん」のことを話すという形をとった。5歳5〜6カ月頃には現実の友だちの話題をすることが多くなり，「Miちゃん」の話はほとんどしなくなり，その後出現しなくなっている。（和田ら，1990）

れることによって，ますます「物語の主人公」としての実在感を
おびるものとなっていくのである。

「想像上の仲間」の消失

スベンセンによると子どもたち
は5〜6歳頃になると多くの場合，「想像上の仲間」についてオー
プンに語るのをやめ始める。おそらく，「想像上の仲間」を他
者に否定されたり，からかわれたりする体験が，あるいはそのよ
うな予測が，語ることを抑制したり，それを消失させる無言の圧
力として機能し始めるのであろう。この時期以降，子どもたちは
一般に秘密裏に「想像上の仲間」と交流するようになる。そして，
そのような「秘密」をもち得ること，つまり他者と共有されない
「私（わたくし）」だけの世界をもてるようになることが，子ども
を幼児期から児童期へと追いやるのだといえるだろう（麻生,
1991；1996）。

どのくらいの割合で子どもたちが「想像上の仲間」をもつのか
ということについては，10％から60％台と，研究によってかな
りの幅がある（麻生, 1996；パーティントンとグラント, 1984）。
また出現の時期についても，研究によって大別すると，2〜4歳
にかけてと5〜10歳にかけてとの2つの時期がピークとして指摘
されている（麻生, 1996）。前者の時期に出現した「想像上の仲
間」については，本人たちが後に記憶していることはまずない。
それは，3〜4歳以前の記憶が失われるという「幼児健忘症」の
ためである。5〜10歳にかけて出現する「想像上の仲間」につい
ては記憶に残るため，回想によってもある程度その像をとらえる
ことができる（Topic）。

ところで，「想像上の仲間」をもつことは，けっして異常なこ
とではない。それどころか，むしろ発達的に健全で適応的な現象

Topic 児童期の「想像上の仲間」—ある女子大生の回想

（4歳で幼稚園に入園後，しばらくして心の中に空想の「人」が存在するようになった。）私はその子に会ったことはないが，その子は私の世界を見通していて私のすべてを知っているのだと思っていた。一人ぼっちで淋しい時，親に叱られて悲しい時など，その子がどこからか見ていてくれて「あなたには『私』というあなたにそっくりな『私』がいるじゃないの，それなのにどうして一人ぼっちなの，一人じゃないでしょ，『私』がいるんだから」とか「悪いお母さんね，あなたの言い分も聞かないで怒るなんて，でも大丈夫よ。私はあなたのことを一番よく知っているのだから。あなたは悪くないのだから，悪いのはお母さんよ」などと話しかけられているように感じていた。だから私も淋しい時や悲しい時は，心の中で呟いてこの子に話しかけたりしたものだった。話しかけるとこの子は必ず応えてくれた。そして，私の言い分を認め味方をしてくれた。彼女は私がいて欲しい時には必ず側にいてくれたし，何でも好きなようにさせてくれた。幼い頃のすべてを共有していたのが彼女であった。今振り返ってみると，この子は私の中に住んでいたもう一人の私ではなかっただろうかと思う。人は成長していくにしたがって，この心の中のもう一人の自分に気がつくようになるのだろう。そのような心の中のもう一人の自分が，私の肉体を離れ一個の個体として存在していたのが「別の世界に住んでいる女の子」だったのではないだろうか。

上の例は，「想像の遊び友達」についての調査をした際に記述してくれたものである（麻生, 1989）。これを読むと，この時期の「想像上の仲間」が幼児期のそれとはかなり異なる雰囲気をもち，それが内的な対話によって，「私（わたくし）の意識」や「自我」を支えるような存在として機能していることがよく理解できるだろう。

と考えられている。それは科学や芸術を生み出すのと同じ創造力によって生み出されたものなのである（パーティントンとグラント，1984）。「想像上の仲間」と交流することは，現実における他者との交流の<u>メンタル・リハーサル</u>として機能する。また，それをもつことは，自分の内部に自我を支える友だちや仲間（時にはカウンセラー）をもつことに他ならない。

テイラーとカールソン（1997）も，4歳児において「心の理論」の課題ができることと，「想像上の仲間」をもつことなどによって示される<u>ファンタジー能力</u>とが有意に相関していることを明らかにしている。「想像上の仲間」をもつことは，豊かな想像力や創造性の証であると同時に，より深い「心の理解」にも関連していることが示唆されているといえるだろう。

空想と現実の間　就学前の子どもたちの多くは，サンタクロースやアンパンマンやおばけなどが実在しているものと信じている（杉村ら，1994）。これは，ある意味でもっともなことである。なぜならば，子どもたちの周りには，<u>サンタクロースやおばけの実在性</u>を彼らに信じ込ませようとする大人たちが大勢いるからである。

しかし，子どもたちの信じ方には独特のものがある。たとえば，子どもたちは「アンパンマンが公園の空を飛んでいた」，「夜，神社の中にガイ骨がいた」，「森の奥のサンタの家で遊んだ」などと平気で述べるのである（杉村ら，1994）。子どもたちは，自分が空想したことと現実に知覚したこととをどこかで混線させてしまう傾向があるといえるだろう。

ハリスら（1991）は，子どもたちに2つの黒い箱（一辺1mの立方体）が空であることを見せた後に，一方の箱の中に恐ろしい

Topic　サンタクロースのリアリティ

　子どもは成長に伴って一元的思想から多元的思想に移行していく。たとえばサンタクロースに関する一元的思想とは，幼稚園に現れたサンタクロースが本物なのか偽物なのか二者択一でとらえてしまう思想のことである。一元的思想のもとでは，見かけがサンタクロースであれば，それはサンタクロースと認識される公算が高い。あるいは，幼稚園のサンタクロースは偽物だと頭から信じ込んでしまい，いかに本物らしく見えてもそれを否定し，かたくなに偽物だと主張するのも一元的思想のなせるわざである。4～5歳未満の子どもの多くはこのような一元的思想のレベルに留まっている。多元的思想とは，「本物」らしく見えるけれども「偽物」かもしれない，あるいは，「偽物」らしく見えるけれども「本物」かもしれないと，さまざまな可能性を吟味しうる思想のことである。子どもたちの多くがこのレベルに達すると，学校や園に現れるサンタクロースのリアリティは風前の灯になってくる。それは「本物であること」を疑う者が多数出てくるからである。しかし逆に，そのような思想によって，目の前のサンタクロースのリアリティがかえって増加するといった逆説的な事態が生ずることがある。

【サンタの正体＝園長先生】　幼稚園の時，サンタクロースに会ったことがある。クリスマス会でそりに乗って鈴を鳴らしてやってきて，大きな白い袋から一人一人にプレゼントを渡してくれた。中身は私が以前にお願いしたものではなくて，みんな同じちいさなマリア様の像だった。サンタクロースは真っ白い髭に赤い洋服を着て，黒いブーツをはいていたが，眼鏡をかけていた。誰かが「園長先生だー！」と叫んだことで，みんな騒然となってしまい，そこで「園長先生＝サンタクロース」になってしまった。つまり，「うちの園長先生こそが本物のサンタクロースなのだ」ということになってしまったのである。私たちは，家に帰って得意になって妹や両親に自慢した。両親は苦笑いをしていたように思う。

（麻生, 1996）

想像の世界の開花

モンスター（あるいはやさしいウサギ）が入っていることを想像させ、そのモンスター（あるいはウサギ）が実在のものではないことを確認した後に、実験者が「忘れ物をした」と言って2分間席を外し、その間の子どもの様子を調べるという実験を行った（図5-1）。実験に参加したのは、年少児24名（平均4歳6カ月）と年長児24名（平均6歳3カ月）である。

実験は、モンスターを想像させる群とウサギを想像させる群との2つに分けて行われた。モンスター条件の年少児4名は、箱が空であることを確認した後でも、「怖い」と言って実験者が部屋からいなくなることを拒んだので、年少児の参加者は20名になった。実験者がいない間に、いずれか一方の箱あるいは両方の箱に触れるか、あるいはふたをあけるかした者は、年少児10名、年長児10名であった。また、子どもがそれぞれの箱に触れるまでの時間（秒数）を測定した。箱に触れなかった場合の秒数は一律120秒とした。

その結果が、表5-2である。つまり、子どもたちはウサギとモンスターいずれであっても、想像物がいるとイメージした箱のほうを、もう一つの箱と比べると、時間的により早く触れたのである。おそらく、子どもたちは本当にモンスター（あるいはウサギ）が箱の中にいるかいないか気になったため、調べたものと推定される。その証拠に、後で戻ってきた実験者が尋ねたところ、年少児も年長児も約半数の者が「（想像したほうの）箱の中に何かいるかもしれないと思った」と答えたのである。

だが、このハリスらの実験では、子どもたちがどこまで本気で、想像したモンスターやウサギが本当に実在すると考えていたのかはっきりしない。

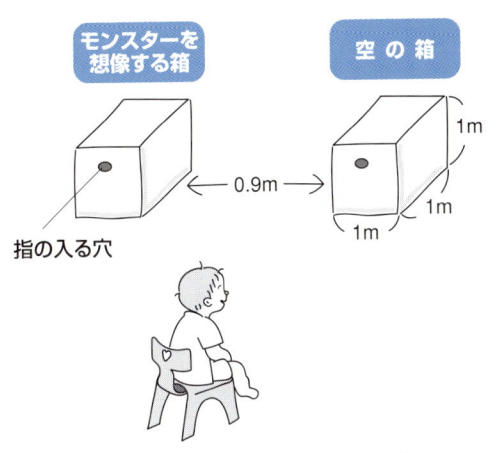

図5-1 黒い箱の中にモンスターがいると想像したら？

表5-2 想像物の種類，箱のタイプ，年齢と箱に触れるまでの平均秒数（ハリスら，1991）

年齢	想像物の種類	箱のタイプ 想像	現実
年少児	ウサギ	88.8	105.0
	モンスター	74.9	101.3
年長児	ウサギ	78.4	91.7
	モンスター	86.8	107.8

想像の世界の開花

箱の中に本当にオニがいる

池谷（1998）は，このハリスらの実験にオリジナルな工夫を加え，子どもたちが単に「ごっこ」的な感覚で箱の中の「想像物」の存在をとらえているのではなく，かなり本気で存在すると信じていることを明らかにしている。実験に参加したのは年少児29名（平均4歳3カ月），年中児28名（平均5歳4カ月），年長児28名（平均6歳4カ月）である。

実験状況は図5-2に示した。一辺約50cmの立方体の箱の前面に半径6cmの穴があけられそこが黒い布でカーテンのように覆われている。このような黒い箱が子どもの前方に2つある。実験者は，子どもに両方の箱が空であることを見せた後，上ぶたをあけそれぞれの箱の中にリンゴを1個ずつ入れ，そして，穴に手を突っ込みリンゴを取り出すように指示した。

次に，実験者はリンゴをふたたび箱の中に戻し，子どもに一方の箱の中にオニ（あるいはワニ），他方の箱にはウサギがいることを想像させた（教示は表5-3）。そして，用事があると告げ，子どもに部屋で待っていてくれるか否かを尋ねた。拒否した場合には，再度尋ね，かたくなに拒否した場合は，そこで中断した。子どもが了承した場合は，実験者が不在の間（2分間）に，2つの箱（1つはオニ（あるいはワニ），もう1つはウサギがいることを想像させた箱）からリンゴを取り出してかごの中に入れておくように指示した。

実験者が用事があるので待っていてくれるか尋ねた際，初回に拒否した子どもは，年少児9名（29名中），年中児4名（28名中），年長児0名（28名中）であった。年少児3名は実験者が退出を告げるやいなや泣き顔になった。「怖いからいや」と述べた者も年少児に5名と年中児に1名いた。再度，実験者が頼んでもかたく

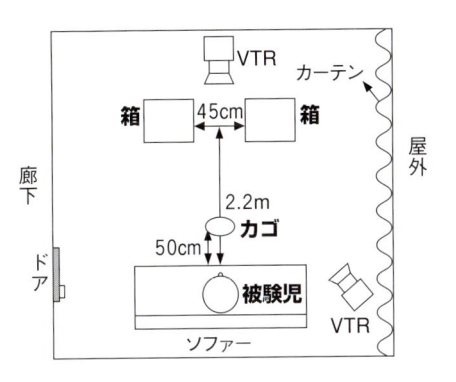

図5-2 池谷（1998）の実験場面

表5-3 ウサギ，オニ，ワニの教示内容
（池谷，1998）

ウサギ（情緒的にニュートラルな現実の対象）
今からこっちの箱にウサギさんがいると思ってみて。どんなウサギさんかというと，箱から出て〇〇ちゃんと一緒に遊びたいと思っている，ふさふさしてて長い耳をもっててとても可愛らしい白いウサギさんだよ。

オニ（情緒に訴えるような超自然的な対象）
こっちの箱にオニさんがいると思ってみて。どんなオニさんかというと，箱から出て〇〇ちゃんをガブッと咬んで食べようとしている，とがった角ととがった歯をもった怖い赤オニさんだよ。

ワニ（情緒に訴えるような現実の対象）
こっちの箱にワニさんがいると思ってみて。どんなワニさんかというと，箱から出て〇〇ちゃんをガブッと咬んで食べようとしている，とがったしっぽととがった歯をもった怖い緑色のワニさんだよ。

なに拒否し，結局実験者が退出しなかった者は，年少児3名と年中児1名であった。

また，両方の箱からリンゴを取れた者は，年少児17名，年中児23名，年長児27名であった（表5-4）。また，リンゴを取ったか否かにかかわらず，実験者が不在の間に箱に近づこうとした者は，年少児19名（26名中），年中児23名（27名中），年長児28名（28名中）であった。年少児では怖がり箱に近づかない者が多くいることがわかる。年少児2名は2分間待てず，「ちょっと怖いから」と途中で部屋から出てきた。

近づいた者の中には，「おそるおそる近づいたり」，「立ち止まったり」，「箱の様子をうかがったり」箱を用心する行動を示した者がいた（ビデオ分析による）。この種の用心する接近行動は，年少児6名（19名中），年中児8名（23名中），年長児1名（28名中）に観察された。年少，年中児は箱に接近するにしても3分の1程度の者は，用心していることがわかる（表5-5）。

「実験者の退出を（最終的に）拒否する」，「一人残された時に取れないリンゴがある」，「箱に接近する際に用心する」，これらの行動は，想像物の存在を何らかの意味で子どもがリアルに感じていることを示しているといってよいだろう。この3つの行動のいずれかを示した者は，表5-6を見てわかるように，年少児の59％，年中児の46％，年長児の4％であった。この結果から，自分が想像したにすぎないものを実体視してリアルに感じる傾向が年中から年長にかけて急激に減少することが理解できる。

表5-4 実験者が退出した人数，リンゴを取れた人数

	実験者退出せず	実験者退出	
		取らないリンゴあり	2個とも取る
年少児	3	9	17
年中児	1	4	23
年長児	0	1	27

表5-5 箱に接近した人数，接近する際に用心した人数

	E退出後箱に接近せず	箱に接近する	
		用心して接近	用心せず接近
年少児	7	6	13
年中児	4	8	15
年長児	0	1	27

表5-6 想像物の実在視傾向のあり・なしの人数

	実在視傾向あり	傾向なし
年少児	17	12
年中児	13	15
年長児	1	27

ナラティヴの世界

子どもたちは，テレビでみる登場人物の多くを実在するものとしばしば思い込む。アンパンマンのみならず，ドラえもんやウルトラマンやゴジラのような怪獣にいたるまで，彼らが信じている対象は幅広く広がっている。テレビで見る怪獣が自分の町にやってこないかと不安になったり，ドラえもんがいつか自分の家にやってきてくれないかと期待したりするのである（麻生，1997b）。また，ロンドンの6歳の小学生たちの4割はシンデレラが現実に実在するかあるいは実在した人物ととらえており，9歳になっても1割ほどの子どもは，まだシンデレラがフィクションだとは確信をもてずにいる（アップルビー，1978）。

ブルーナーによれば，そもそも「物語」＝「お話」においては「フィクション」なのか「経験的な事柄」なのかを区別することはあまり重要ではない（ブルーナー，1990）。たとえば，小説というフィクションは，時として現実のリアリティを「事実そのもの」よりも生き生きと描き出す力をもっているのである。その意味で，子どもたちは「お話」が理解できるからこそ，お話の世界のリアリティを感じとれるのだといえよう。サンタクロースを信じるにもある程度の物語理解能力が必要なのである。

物語を理解したり，自分自身で物語を生み出す力は，4歳頃を境に急速に発達してくると考えられている。ネルソンは，4歳から10歳にかけてをナラティヴな思考の段階に位置づけている（ネルソン，1996）。4歳頃以降，言語が外的な表象だけではなく内的な表象をも媒介するようになり，子どもは，言語によって，他者が知っていることを表象し，その表象と，推定された小さな出来事についての自分自身の表象とを比較することが可能になるのである。ネルソンによれば，過去のエピソードを記憶している

Topic 「裸の王様」のお話が好きになる

　心理学者アスティントン（1990）の娘は 2 歳頃には、『農夫の動物たち』という絵本がお気に入りであった。この絵本は、さまざまな動物の出てくるカタログ的で事物がそのまま記述してあるような絵本であった。それが、4 歳頃までに好みが変化し、『裸の王様』などの「おとぎ話名作集」が気に入るようになっている。アスティントンによれば、これは彼女の娘が「行為の情景（landscape of action）」だけではなく「意識の情景（landscape of consciousness）」（ブルーナー, 1986）をも同時に理解できるようになったためである。「行為の情景」とは出来事や登場人物の物理的な行為やその結果で描かれた情景である。「意識の情景」とはそれだけではなく、主人公の「感情」や「思考」や「信念」や「意図」で描かれた情景である。この両者が理解できるようになって初めて、子どもは「裸の王様」の面白さがわかるようになるのである。

　「織物屋は王様のために忙しく働いている（行為の情景）／織物屋は衣服を織るふりをしている（意識の情景）」、「見物人は王様が服を着ておらず裸であることを知覚している（行為の情景）／見物人たちは王様がすばらしい衣服を着ていると思い込んでいる（意識の情景）」。これらの対比がこの物語の面白さを生み出しているのである。いわゆる「心の理論」をまだ習得していない子どもたちは、この種の「意識の情景」が描かれた「お話」を苦手にしているといえよう。

想像の世界の開花

という意味での**エピソード記憶**は1～2歳の幼い子どもにも存在する。しかし，自分の体験した事柄を自分の過去体験として物語る**自伝的記憶**は，この時期になり初めて可能になるのである。**幼児健忘症**とよばれてきた現象（乳幼児期の出来事が記憶に残らないこと）は，単にそのことを示しているにすぎないのである（ネルソン，1992）。

> **エピソード記憶**　　上原（1998）は，「過去の文体による，過去の個人的出来事の報告」を**エピソード報告**と名づけ，「自分自身が体験し，かつ特定の過去になされたという認識を伴った，言語で報告できる出来事の記憶（ネルソンの用語では自伝的記憶）」を「**エピソード記憶**」と定義し，エピソードの報告は2～3歳頃から観察されるが，それらにはしばしば言い間違えや空想が混在すること（**表5-7**）から，この時期にはまだ「エピソード記憶」が成立していないことを指摘している。

また上原は，「エピソード記憶」に関して，4歳（平均4歳0カ月）と5歳（平均5歳1カ月）との間に，質的な変化があることを示唆した興味深い研究も行っている（ウエハラ，2000）。保育園の運動会の2日後に1回目のインタヴューをし，まず子どもたちに「親子ゲームで何をした？」などの質問を行った。その7日後の2回目のインタヴューの際に，実験者はわざと「親子で怪獣をやっつけたね」などと偽情報を与えた。そして，さらにその1週間後の3回目のインタヴューで，ふたたび「親子ゲームで何をした？」と子どもたちに尋ねたのである。

1回目のインタヴューでは，親子ゲームの内容を正しく答えた者が，5歳児では90％（30名中27名）いたのに対し，4歳児は57％（30名中17名）しかなかった。また，4歳児には，1回目

表5-7 間違いを含むエピソード報告の例
（上原，1998を一部省略）

非現実的な話（想像の話）が混ざって実体験として語られるケース

- 保育園の移動動物園に，リスの他に，兄くらいの大きいクマが来たと報告（実際には，小動物しか来なかった）。(KN, 2歳10カ月)
- 井の頭公園で「くじらがいた」と発言。(KO, 3歳10カ月)
- 豆まきの話で，おばけがでてきたと発言。(MH, 3歳3カ月)
- 赤ちゃんのとき，おっぱいから，脇にあった2つのシャベルを使って，穴を掘って出てきたと報告。(母親の証言：YA, 3歳9カ月)

人から聞いたり，テレビや写真で見たことを自分の実体験として語るケース

- テレビで沖縄が放映されたとき，実際には行ったことがないが「行った」と発言。(母親の証言：SA, 2歳11カ月半)
- 実際には行っていない場所の写真をもってきて，「自分が行った」と報告。(MH, 3歳1カ月；MH, 3歳5カ月)

関係のない現実的な話が混ざっているケース（他の出来事との混同）

- ディズニーランドに，実際には行っていない友達が行ったと報告（実際は家族だけで行った）。(TI, 2歳3カ月)
- 実際には別なことが原因で紛失したものについて「パパが怒ったから……捨てたからなくなっちゃった」と報告。(母親の証言：SA, 2歳11カ月半)
- 以前にピーターパンの踊りを練習したことはあったが，実際には，見たことはないにもかかわらず，「テレビで見た」と発言。(AH, 3歳2カ月)

*母親の証言と記されたものは，母親から具体的にうかがうことができた話。それ以外は著者（上原）が，インタビュー時に，聞いた発言。

は正しく答えていたのに偽情報のために3回目に誤った事実報告をしてしまった者が5名もいたのに対し，5歳児にはそのような者は皆無であった。この研究に限らず，4歳頃を境に，子どもたちの能力に大きな変化があることを示す研究は少なくない。「表象」を「表象」として理解する（人が世界に対して抱く「像」として「表象」を理解する）力がこの時期あたりから出現してくること（パーナー，1992）は，現在広く認識されつつあるといえるだろう。

ごっこの世界の開花

ごっこ遊びと会話　加用ら（1996）は，京都市・鹿児島市・大阪市・福井市の公立保育園での3歳児・4歳児・5歳児の自由遊びの観察から，実に興味深い事実を見出している。それは，子どもたちがごっこ遊びをしている時には，方言ではなく共通語が多くなるという事実である。ごっこ遊び中の発話で共通語が占める割合は，3歳児が49％，4歳児が43％，5歳児が63％であった。年長児ほど共通語の占める割合が増加しているといえる。

このことを詳しく検討するために加用らは，先行研究をふまえて子どもたちの発話を次の4つのカテゴリーに分類している（加用らでは用語を枠発言，外発言としているが，ここでは枠発話，外発話を用いる）。「セリフ」とは，ごっこの中での役割にふさわしい台詞のことである。「枠発話」とは，ごっこにおける役割の分配，場面設定，行動のプラン，他の子どもの行動への評価など，ごっこに対してメタ的な視点からなされる発話のことである。「外発話」とは，ごっことはまったく無関連になされる発話である。ごっことは別のトピックに関する発話，「仲間に入れて」と

Topic ごっこの気分

　ごっこというのは独特の気分であるというのが、遊びの研究者である加用（1990）の説である。たとえば、加用の娘は6歳の時にクラスの友達とままごとで次のような会話をしていたという。

「うちの主人はパンばっかりなのよ。子どもみたいにチョコレートパンが好きなのよ！」
「あーら、うちのだんなはエビが嫌いでねえ。まったく困ったもんですよ！」

　実にリアルな主婦同士の会話である。彼女たちは、8割がた主婦になりきっているといえるだろう。ごっこと現実の境は、気分によって左右され揺らぎ、時として曖昧化することさえある。加用はそのことを示す面白いエピソードを語っている。

　長女が3歳半ころでした。カミさんが風邪をこじらせ寝込んだことがあります。夕方でしたが、長女、心配そうに寝床にふせっているお母さんをのぞき込み、「お母さん、大丈夫？　お熱ある？」などといいながら額にさわったりしています。母親のほうも心配かけまいと「うん大丈夫よ。そのうちすぐよくなるからね」などと言葉をかけていました。長女は、その後もいそいそと立ち動いて、タオルを持っていったり、出てきたり。「のど痛い？」など尋ねたりもしています。
　「はい、あーんして」「お熱もはかりましょうね」
　あれ？　何だか口調が変だなとカミさんと顔を見合わせていると、そのうち棒形の積木を持ち出してきて、カミさんの脇に下にあて「まだ少しお熱がありますねえ」などという。
　ごっこだったのです。病気の母を気づかう真心にはうそはないと感じつつも、2人で思わずヨヨヨとずっこけてしまいました。（加用, 1990）

言ってきた子を排除するような発話などがこれに相当する。「**混合発話**」とは，ごっこの中でなされるがセリフと枠発話が混合したような発話や，セリフと外発話が混合したような発話である。

　加用ら（1996）はそのような例として次のような事例を紹介している。

> **例1**：異年齢グループで狼ごっこをしているとき，4〜5歳児たちが「今日は狼が来る日だよー」「えー，大変，赤ちゃん守ってー，赤ちゃんねらってるからー」などと言い出していると，本気で怖くなった3歳児が「あや（本名），お父さんと寝るの」と言って，5歳児ににじり寄る。これは，枠発話とも外発話ともセリフともつかない混合発話の例である。
>
> **例2**：ごっこの最中に誰かにモノを奪われて「ねえ，誰かにとられちゃた，もう，誰かにとられちゃたよー，お母さーん」と言う。これは外発話にセリフの「お母さーん」が混合した例である。

　以上のようなごっこについての機能から分類した発話カテゴリーと，共通語・方言・擬音擬態語といった発話形態とを交差させて整理したものが**表5-8**である。

　これをみると3歳児にはセリフと混合発話が多く，4歳児には現実発話（枠発話＋外発話）が多く，5歳児にはセリフが多いことがわかる。また，3年齢に共通して，セリフには方言ではなく共通語が用いられている。5歳児に共通語が多いのは，5歳児に枠発話や外発話が少なく，セリフが多いことからも理解できる。

ふりのモードへ　では，なぜ子どもたちはセリフを発する場合にかくも共通語を用いるのだろうか。加用らは共通語はごっこの気分を盛り上げるために使用されるのではないかと述べているが，それだけでは理解しにくい。おそらく，共通語を用いることが，自分が「ごっこ」の状態にあることを周囲の仲間に知らせ

表5-8 ごっこにおける発言形式と発言内容
(加用, 1996を一部変更)
数値は観察された発話数, カッコ内は％。

	発言形式	発言内容					
		セリフ	枠発言	外発言	混合	独語	計
3歳児	共通語	249(63)	23(6)	10(3)	112(28)	1(0)	395(100)
	方言	21(5)	101(26)	91(24)	164(43)	5(1)	382(100)
	擬音・擬態発言	16	0	2	1	0	19
	変容	8	0	0	0	0	8
4歳児	共通語	127(49)	36(14)	15(6)	77(30)	4(2)	259(100)
	方言	16(5)	141(43)	107(33)	60(18)	3(1)	327(100)
	擬音・擬態発言	3	0	0	0	0	3
	変容	8	0	0	0	4	1
5歳児	共通語	184(71)	16(6)	17(7)	41(16)	1(0)	259(100)
	方言	14(10)	56(41)	43(32)	22(16)	0(0)	135(100)
	擬音・擬態発言	5	0	1	2	0	8
	変容	2	3	2	0	0	7

るマークとして機能し，そのことによって，次に仲間を「ごっこ」に誘う**メタ的なコミュニケーション機能**をもつに至ったのであろう。このように考えれば，一人の共通語のセリフが，その周囲に共通語のセリフをうながすことになり，セリフがほとんど共通語になってしまうことが理解できるように思われる。

　富田（2001）は，3歳児が口調の変化を，「**現実モード**からふりモードへの移行」のシグナルとして理解していることを示す興味深いエピソードを紹介している（**Topic**事例1）。そこにおいて，ナツコとサチコは初めの「ハチの巣があったよ！」という普通の言い方を「ハチの巣があったわよ！」と言い直している。二人は，ユウコとカナコに対して，自分が**ふり（ごっこ）モード**にあることを口調によって示そうとしたのである。自分がふりのモードにあることを示すことは，しばしば，相手をそのモードに誘う方略としても用いられる。この場合も，おそらくそのために言い直しがなされたと考えられる。ユウコはその誘いかけをうまく受けとめ，「私も見たわ！」と同じモードで返答し，二人の遊びに合流している。一人残されたカナコも「口調を用いた**メタ・メッセージ的**な3人のやりとり」を理解していたことは，「私も！だって！」と笑い，からかい気味にコメントしていることからみてとることができる。このような具体的なやりとりをみると，3歳児がすでにセリフに共通語を活用し始めていることも納得できる。

　加用らのデータで5歳児には枠発話や外発話が相対的に少なく，セリフが多かった理由は，5歳児においては，枠発話や外発話と同じ発話機能をセリフを通じて果たせるようになるためと推定される。たとえば，**Topic**事例3の「君の持ってるアヒルを恐竜の背中に乗せるふりをして。恐竜は全然気にしないんだって，いい

Topic 現実モードからふりモードへの移行

【事例1（3歳児）】 ナツコとサチコが「お散歩に行ってくる」と言って、保育室の裏のほうに行く。しばらくして戻ってくると、お料理ごっこをしていたユウコとカナコに「ねえ、見た？ ハチの巣あったよ！ ねえ、ハチの巣があったわよ！」と言う。するとユウコは「私も見たわ！」と言って、3人でもう一度ハチの巣があった方に行く。後に残ったカナコは「私も！ だって！」と言って笑う。

(富田, 2001)

Topic 潜在的なメタ・プラグマティックスと顕在的なメタ・プラグマティックス

【事例2 声による潜在的なメタ・プラグマティックス】 モハメッドとジェニファーは箱庭の動物で遊んでいる。モハメッドは恐竜の人形を手にして、ジェニファーは小さなアヒルの人形を手にしている。

モハメッド「いいや、お前はおれの背中に乗れるよ。おれは、ちっとも気にしないぜ」（低いしゃがれ声で）

【事例3 事例2の潜在的なメタ・プラグマティックな提案に等価な顕在的なメタ・プラグマティックな提案】

モハメッド「君の持ってるアヒルを恐竜の背中に乗せるふりをして。恐竜は全然気にしないんだって、いいかい？」（ソーヤー, 1997より私訳）

注：メタ・プラグマティックスとは従来メタ・コミュニケーションという用語で語られている内容とほぼ等価である。

かい？」という発話は，加用の分類では枠発話であるが，それと等価な事例2の発話は，セリフとして分類される。よって，事例2のような形でのセリフによる潜在的メタ・コミュニケーションが可能になれば，枠発話と分類される顕在的メタ・コミュニケーション発話が相対的に少なくなっても当然だといえよう。

ごっこの世界の共有

3歳児にとって，ごっこの世界と現実の世界とは大人が考えるほど明確に分離されているわけではない（p.173のTopic参照）。加用ら（1996）は3歳児に混合発話が多いことをその1つの現れとしてとらえている。大人がオニのまねをして子どもの相手をしてやっていると，子どもが途中から本当に怖がり始めるといったことは，3歳児を相手にしているとしばしば生じることである。

幼稚園や保育所には「ガオレンジャー」や「オジャ魔女ドレミちゃん」や「ピカチュウ」に変身した子どもたちが大勢いる。3〜4歳の子どもたちは，他人がどう思おうと無関係に，自分自身がなりきって遊んでいる。もう本人はすっかり「ガオレンジャー」のつもりなのである。

ところが5〜6歳の子どもたちになるとそうはいかない。彼らにとっては，自分のふりを仲間に承認してもらうことが，何よりも重要なことなのである。年長児にみられるような複雑なごっこ遊びを展開していくには，ごっこ遊びに加わっているメンバーが何を共有し，何を共有していないのか，的確に把握していることが大切である。遊びのプランや見立てについて，互いにどの程度共有し，どの程度共有していないのか，メンバーが互いに意識しているからこそ，それらをめぐって活発な交渉が生じ，そこから新たなごっこ遊びが生成するのである。

Topic　カスタネット？　ミカン？

　高松ら（2000）は，年少児26名（平均4歳2カ月），年中児40名（平均5歳3カ月），年長児26名（平均6歳1カ月）の子どもたちを対象に「ふりの共同性」に関するカスタネット課題なるものを行った。

　課題の内容は以下のとおりである。子どもに実験者が個別に質問する。カスタネットを2個用意して，それぞれを皿の上に載せ，実験者が一方のカスタネットをミカン，他方をドーナツに見立て子どもと遊ぶ。子どもが見立てを理解していることを確認した後に，子どもの友だちの名前をあげ，「○○ちゃん（友だち）をここに呼んできて，○○ちゃんに『これ（ミカンに見立てているカスタネットの皿を示し）何？』って聞いたら○○ちゃんなんて言うかな？」と尋ねる。「わからない」と述べたり，無答の場合には，「○○ちゃん，ミカンって言うかな？　カスタネットって言うかな？　ドーナツって言うかな？」と尋ねる。

図5-3　皿に載ったカスタネット

表5-9　カスタネット課題における年齢ごとの反応タイプの人数（％）
（高松ら，2000）

	回答		
	カスタネット（正答）	ミカン（誤答）	その他（誤答）
年少児（26名）	5（19）	15（58）	6（23）
年中児（40名）	17（43）	17（43）	6（15）
年長児（26名）	17（65）	8（31）	1（4）

ごっこの世界の開花

また，そのような認識があってこそ，たとえば，新しく参加したメンバーに「気をつけろ！　その箱に触ると死ぬぞ！」と警告することによって，新規加入者に，その箱が毒の箱に見立てられていることを教え，その見立てを共有するようにうながすことも可能になるといえるだろう。

孤独の始まり　では，子どもたちは，自分たちのふりをどの程度他者が共有してくれていると思っているのだろうか。自分たちのごっこ（ふり遊び）に参加していない者には，その中で行っている自分たちのふりや見立てを理解することが困難だということを，正しく理解できているのだろうか。このことを調べたのが，p.179 の Topic で紹介した高松ら（2000）の研究である。表5-9 をみると，年少児の 60％近くが，その場にいない友だちも「今・ここ」で自分たちが行った見立てを理解してくれているものと自己中心的に考えていることがわかる。年少児にとって，自分の見立て（ふり）は，当然，他者にも共有されているはずのものなのである。

ところが，年長児になるとそれが完全に逆になる。年長児の 65％は，その場にいない友だちが，「今・ここ」で行った自分たちの見立てを共有していないことを正確に理解できるようになっている。同じようにごっこ遊びをしているように見えても，年少児と年長児では，まったく異なった地平に立っているといえるだろう。

年少児は「今・ここ」にいない人が「今・ここ」での自分の見立て（ふり）を理解していると考えているだけではない。自分のみた夢は，側で寝ている母親もみているはずだと考え，しかもその夢に母親が出てきた場合，現実の母親も，夢の中の出来事を覚

Topic 母親と共有する夢の世界

母親と同じ部屋で布団を並べ寝ている子ども（Aちゃん）が，夜眠っている間にドーナツを食べた夢を見たとする。そして，朝子ども（Aちゃん）と母親が目を覚ましたとする。そのような絵を見せて，幼稚園の子どもたちに，「お母さんはAちゃんがドーナツ食べたのを知っているかな？」と尋ねたのが「夢の公共性」についての問である。その結果は表5-10に示した。年少児の平均は3歳7カ月，年中児の平均は4歳6カ月，年長児の平均は5歳8カ月である。

表5-10 「夢の公共性」（母知らず）を理解した年齢ごとの人数（％）
（麻生と塚本，1998）

	回答		
	母は知らない（正答）	わからない	母知っている（誤答）
年少児（9名）	1 (11)	3 (33)	5 (56)
年中児（18名）	8 (44)	0 (0)	10 (56)
年長児（13名）	12 (92)	1 (8)	0 (0)

母親と同じ部屋で布団を並べ寝ている子ども（Aちゃん）が，夜眠っている間に母親と一緒にまんじゅうを食べた夢を見たとする。そして，朝子ども（Aちゃん）と母親が目を覚ましたとする。そのような絵を見せて，幼稚園の子どもたちに，「お母さんはAちゃんと一緒におまんじゅうを食べたのを覚えているかな？」と尋ねたのが「夢の共同性」についての問である。この実験結果も，「夢の公共性」と似たような結果になった。年長児では85％が正答したが，年少児・年中児では67％が「母は覚えている」と答えた。

ごっこの世界の開花

えているはずだと思っているようなのである（Topic）。3歳児の目から見ると，夢の世界であろうとごっこ世界であろうと，あらゆる世界が母親をはじめとする親しい人たちの間で共有されているのである。成長し知恵がつくということは，そのような楽園から追放されることを意味している。5歳児の多くは，自分の夢の中の出来事は語らぬ限り誰とも共有されない世界であることを知っている。その意味で，彼らは孤独を理解する端緒に立ったといえるだろう。

仲間関係を調整する

自分は砂場で山を作りたいのに，友だちは川を作ろうと主張する。このような対立は，就学前の子どもたちの間では日常茶飯事であろう。彼らは，小競り合いや喧嘩をとおして，自分とは違った好みや意見をもつ存在があることを学習していく。子どもたちは，そのような仲間同士の葛藤を緩和したり解決するために，さまざまな方略を用いている。その一つが，シェルドン（1992）がロシアの文芸思想家のバフチン（1895-1975）の用語から借りてきて，ダブルボイスとよんでいる発話の仕方である。それは1つの発話の中に2つの声，つまり，自分の声とそれに対立する他者の声を，融合させるような発話である（北岡，1998）。Topicでは，3歳のマリーという女の子が，ピクルスを「ふり」で二等分するという架空の解決を提案し，仲間との意見の対立を緩和しようとしている。自己と他者のどちらの声も通そうとしたといえるだろう。

スーはこれに対して，そのマリーの声を取り入れたような申し出を行い，その中で自分の思いを通している。このようなものがダブルボイスと名づけられた発話である。シェルドン（1992）は，3歳から5歳の同性の子どもたちを3人1組にして12組を作

Topic 葛藤への対処 ― 3歳児のダブルボイス

スー（3歳3カ月）はリサ（3歳1カ月）とマリー（3歳7カ月）のために夕食の用意をしている。ピクルスの玩具があり，スーは，夕食にはそのピクルスをあてたいと思っている。しかし，マリーも，自分たちが何を食べることにするか自分で決めたいと思っている。以下は，自分自身のシナリオを通そうとして2人が「ふり」の枠の中で言い争っているところである（青字は強調，英語大文字）。

1. スー 「リサはそれ（そのピクルス）が欲しいの！」
2. マリー 「私が半分に切った。1つがリサので，もう1つは私の，もう1つは私の」（このピクルスの玩具は半分に切ることはできない。マリーは切った「ふり」をしているだけである）
3. スー 「でもリサは全部そのピクルス（the WHOLE pickle）が欲しいの」
4. マリー 「そう，それは1個の半分全部のピクルス（a whole HALF pickle）よ」
5. スー 「違うわ」
6. マリー 「違わないわ，それは1個の半分全部のピクルス（a whole HALF pickle）よ」
7. スー 「私がリサに1個の半分全部の(a whole half)をあげる。私がリサに1個の全部全部の(a WHOLE WHOLE)をあげる！」
「私がリサに1個の全部のやつ（a WHOLE one）をあげた」（ピクルスに触って） （シェルドン，1992の部分訳）

まず興味深いのは，スーが仲間のリサの名を出して自分の主張を正当化していることである。次に興味深いのは，マリーが，「ピクルスを半分にする」という「ふり」の枠組を新たに作り出し，そこでスーとマリーの主張を算術的に等分するような妥協案を提出していることである。これは対立を緩和させるような動きであると同時に，この「ふり」を受け入れるか拒絶するのかスーを挑発する面もある。そこで，スーは彼女がよりましな取引と考えたこと，1個の半分全部（a whole half）という表現を受け入れ，ピクルスを手にしている。かくして，少女たちは，誰がピクルスを取るかということを解決し，その後も夕食を作るごっこ遊びを続けたのである。

ごっこの世界の開花

り，遊びの最中のいざこざにおいてどれだけ**ダブルボイス発話**が用いられているかを調べた。その結果，女の子のいざこざの79％，男の子のいざこざの36％にダブルボイス発話を見出している。この結果の男女差は，女の子には，対立を避け協調をうながすようなジェンダーに関する圧力がかかっていることを示唆しているといえるだろう。

ダブルボイスの発生過程　礒波ら（印刷中）は，自己の意見と他者の意見を，自分の発話の中に融合させていくダブルボイスの発生過程について改めて深く考えさせるような興味深い研究を行っている。彼女らは，年長児・年中児を同性2人組で模擬月ロケットに乗せ，15分間ロケットに乗り続けるか，それとも途中でロケットから降りるかを，自由に決めさせる状況を設定し，**共同意思決定**に関わる子どもたちの対話を分析したのである。その結果，見出されたのは，予想もしなかったような子どもたちのやりとりである。

一方が「降りよう」と主張し他方が「乗ってよう」と主張する。このような対立場面が，ダブルボイスを発生させる基本的な状況である。逆に一方が「降りよう」と言い他方も「うん，降りよう」と同意するならば，そこには何の対立も存在せず，すみやかに共同意思が実行されるはずなのである。ところが，実際にはそのような意見の一致後すぐさま退出したのは，年長児18ペア中7ペア，年中児11ペア中6ペアにすぎず，残りは（少なくともしばらくは）ロケットに乗り続けたのである（図5-4）。

つまり，子どもたちは，今の今まで主張していた意見を，いとも簡単に変容させてしまうのである。礒波らは意見変容のタイプを次の4つに分類している。1つ目の「シーン間変容」（シーンと

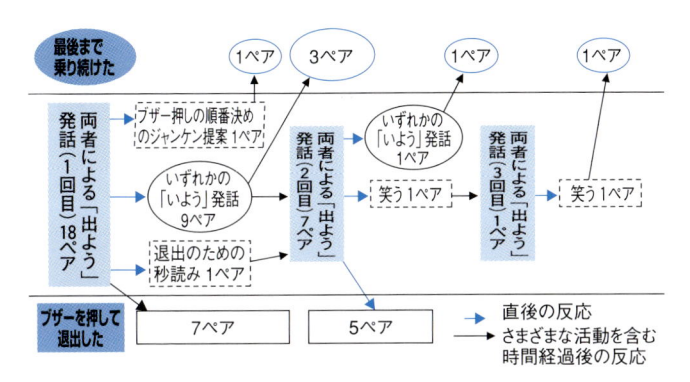

図5-4 年長児ペアの退出同意後の発話・行動の流れ
(礪波ら，印刷中のデータより作成)

- 最後まで乗り続けた：1ペア、3ペア、1ペア、1ペア
- 両者による「出よう」(1回目) 18ペア
  - ブザー押しの順番決めのジャンケン提案 1ペア
  - いずれかの「いよう」発話 9ペア
  - 退出のための秒読み 1ペア
- 両者による「出よう」(2回目) 7ペア
  - いずれかの「いよう」発話 1ペア
  - 笑う 1ペア
- 両者による「出よう」(3回目) 1ペア
  - 笑う 1ペア
- ブザーを押して退出した：7ペア、5ペア

→ 直後の反応
→ さまざまな活動を含む時間経過後の反応

表5-11 各種類の意見変容の出現度数および全意見変容に占める割合
(礪波ら，印刷中)

	シーン内変容				シーン間変容
	他者迎合型	他者背反型	自己変容	合　計	合　計
年長児	6(7%)	13(15%)	6(7%)	25(29%)	61(71%)
年中児	6(11%)	9(17%)	9(17%)	24(45%)	29(55%)

ごっこの世界の開花

は退出をめぐる連続的な一連のやりとりのことである）というのは，時間の経過に伴う意見変容である。シーンが変われば意見が変わっても基本的に不思議はない。

　残りの3つは「シーン内変容」である。その1つ「他者迎合型変容」は，他者に合わせて自己の意見を変容させることである。これはしばしば大人にもみられる変容である。興味深いのは，残りの2つ「自己変容」と「他者背反型変容」である。前者は，「降りよう，やっぱり乗ってよ」と自分一人で意見を変えてしまうことである。後者は，自分が「降りよう」と言い他者がそれに「うん，降りよう」と同意してくれたにもかかわらず，「やっぱり乗ってよ」と他者を裏切るような意見変容である。

　この「自己変容」と「他者背反型変容」とを合わせて，礪波らは「不合理変容」と名づけている。彼女らのデータによると，このような「不合理変容」は，年長児の全意見変容中22％，年中児のそれの34％を占めていた（表5-11）。

　「自己変容」は，子どもが自分自身のもう一つの声を見出すために，まだ自分の一つの声を現実に外に出してみる必要があることを示している。「他者背反型変容」が示しているのも同様のことである。子どもたちは，自分の一つの声に賛同してくれる他者の声に導かれて初めて，それと対立する内部のもう一つの声を引き出すことができたのである。

真の対話が可能になるために　子どもたちは，真に対話的な存在になっていくには，まだまだ自分の外側の対話と，自分の内側との対話を交差させていかなければならないといえよう。自分の意思をもつことは，自分の内部にたくさんの声をもち，内的な対話をとおして，それらを1つの声にまとめあげることである。

Topic 戦いごっこの中で学ぶ外交術

　以下は，無藤ら（2000）の4歳児の戦いごっこの観察事例（Pp.202-207）から抜粋し要約したものである。これを見ると，子どもたちがかなり複雑で高度な駆け引きをしていることが理解できる。

　観察されたのは4月の4歳児クラスである。日頃から活発なR君がS君を見つけ，取っ組み合いを始める。R君がS君を押し倒し押さえ込む。押さえつけられたS君の顔から笑みが消え，R君から身を離し，「タイム」と言う。その後も，戦いごっこを避けようとするS君にR君はしつこく向かっていく。K君の仲間入りは2人に拒否される。R君は，おとなしいH君を偽ウルトラマン・ティガにして，戦いごっこを継続しようとする。R君は，2人を誘うためわざと一人芝居でやられたふりなどをする。その後，S君・H君とR君の戦いは激しさを増していく。ブロックの投げ合いになり，それが当たりR君が泣き出してしまう。S君が「ごめん」と謝っていると，（仲間入りを拒否されていた）K君が「ごめんじゃなくて，ごめんねだよ」と近寄ってくる。S君が「ごめんね」と言い直すと，K君はR君のほうに笑いかけながら，R君とS君との間をおどけたように歩く。これを見てS君が笑うと，K君がまたおどけ，その結果，R君とS君の関係が修復する。その後，今度はR君とS君とが仲間になり，2人でH君に戦いを挑んでいく。

就学前の子どもたちには，それはまだ手の届かないところにある。子どもたちが，そのような存在になっていくには，まずたくさんの外側の声と出会い，その声に助けられ，自分の中にさまざまな声を見出していく必要がある。シェルドンの見出したダブルボイス発話も，「自己変容」発話や「他者背反型変容」発話も，その意味では，まだ似たレベルにある発話と考えることができる。真の対話が可能になるには，子どもたちは児童期，青年期を経て，まだまだ成長していかなければならないのである。

●●● 参考図書

加用文男　1990　子ども心と秋の空——保育のなかの遊び論　ひとなる書房

　遊びが大好きで遊びのために生まれてきた遊びの第一人者による本格的遊び論。

野村寿子　1999　遊びを育てる——出会いと動きがひらく子どもの世界　協同医書出版社

　障害をもつ子どもたちが自然な周囲の環境に導かれ，その限界を越えていく有様をみごとに描き出した書物。エコロジカルセラピーという自然を生かした療育法に感動させられる。

岡本夏木・麻生　武（編）　2000　年齢の心理学——0歳から6歳まで　ミネルヴァ書房

　0歳と1歳，1歳と2歳，……5歳と6歳，1歳違えばどのように違うのか，年齢とは何かを本格的に論じた書物。発達とは何か改めて考えさせられる。

内田伸子　1986　ごっこからファンタジーへ　新曜社

　お話を生み出す力がどのように発達してくるのか，子どもたちのお話作りから分析した好著。

引用文献

【1章】
青木愛子（述）　長井　博（記録）　1983　アイヌのお産ばあちゃんのウパシクマ　樹心社
麻生　武　1986　生後6か月間の欲望の発達――乳児の要求行動の分析　京都国際社会福祉センター紀要「発達・療育研究」　**2**, 29–78.
麻生　武　1992　身ぶりからことばへ――赤ちゃんにみる私たちの起源　新曜社
Bjorklund, D. F.　1997　The role of immaturity in human development. *Psychological Bulletin*, **122**, (2), 153–169.
Bushell, I. W. R., Sai, F., & Mullin, J. T.　1989　Neonatal recognition of the mother's face. *British Journal of Developmental Psychology*, **7**, 3–15.
DeCasper, A. J. & Fiper, W. P.　1980　Of human bonding : Newborns prefer their mother's voices. *Science*, **208**, 1174–1176.
藤田真一　1988　お産革命　朝日文庫
Gibson, E. J.　1969　*Perceptual learning and development.*　NewYork : Appleton-Century-Crofts.
Harding, C. G. & Golinkoff, R. M.　1979　The origins of intentional vocalization in prelinguistic infants. *Child Development*, **50**, 33–40.
Howell, S.　1988　From child to human : Chewong concepts of self.　In G. Jahoda & I. M. Lewis (Eds.), *Acquiring culture : crosscultural studies in child development.*　Croom Helm.
ハンフリー　N.　垂水雄二（訳）　1993　内なる目――意識の進化論　紀伊國屋書店　(Humphrey, N.　1986　*The inner eye.*　Faber and Faber.)
正高信男　1995　ヒトはなぜ子育てに悩むのか　講談社現代新書
正高信男　1997　繁殖戦略としての人類の育児文化　科学　岩波書店　Vol.67, No.4, 305–312.
モンターギュ　A.　尾本恵市・越智典子（訳）　1986　ネオテニー――新しい人間進化論　どうぶつ社　(Montagu, A.　1981　*Growing young.*　UNI Agency, Inc.)
西田利貞　1981　野生チンパンジー観察記　中公新書
ポルトマン　A.　高木正孝（訳）　1961　人間はどこまで動物か　岩波新書
田島みるく　1992　子育てマンガ――あたし天使あなた悪魔　婦人生活社
Trevarthen, C.　1979　Communication and cooperation in early infancy : A description of primary intersubjectivity.　In M. Bullowa (Ed.), *Before speech.*　Pp. 321–347.　Cambridge University Press.
ターンブル　C. M.　太田　至（訳）　1993　豚と精霊――ライフ・サイクルの人類学　どうぶつ社　(Tumbull, C. M.　1983　*The human cycle.*　Simon and Schuster.)
我妻　洋・原ひろこ　1974　しつけ　弘文堂
Wolff, P. H.　1963　Observation on the early development of smiling.　In B.

M. Foss (Ed.), *Determinants of infant behavior, Ⅱ*. New York : Wiley.

【2章】

麻生　武　1982　行為の共同化に向けて——1年目後半Nの"人"としての成長　大阪市立大学大学院文学研究科「人文論叢」, **11**, 1–30.

麻生　武　1987　行為の共同化から対象の共同化へ——生後11〜20ヶ月における乳児Nの"人"としての成長　相愛女子短期大学研究論集, **34**, 87–135.

麻生　武　1988a　手はどのようにして世界を差し示すようになるのか？　京都国際社会福祉センター紀要「発達・療育研究」, **4**, 43–75.

麻生　武　1988b　模倣と自己と他者の身体　岡本夏木（編著）　認知とことばの発達心理学　第二章　ミネルヴァ書房　Pp.37–60.

麻生　武　1989　身体と世界の共同化——模倣の発達　京都国際社会福祉センター紀要「発達・療育研究」, **5**, 31–67.

麻生　武　1992　身ぶりからことばへ——赤ちゃんにみる私たちの起源　新曜社

麻生　武　1993　「手差し」と「指差し」　月刊言語　大修館書店　4月号, 46–53.

Bertenthal, B. I. & Fischer, K. W.　1978　Development of self-recognition in the infant. *Developmental Psychology*, **14**, 1, 44–50.

Butterworth, G. & Grover, L.　1988　The origins of referential communication in human infancy. In L. Weiskrantz (Ed.), *Thought without language*. CLarendow Press Oxford.

Gallup, G. G.　1970　Chimpanzees: self-recognition. *Science*, **167**, 86–87.

Gallup, G. G., McClure, M. K., Hill, S. D., & Bundy, R. A.　1971　Capacity for self-recognition in differentially reared chimpanzees. *Psychological Record*, **21**, 69–74.

グドール　J.　河合雅雄（訳）　1973　森の隣人　平凡社　(Goodall, J. 1971 *In the shadow of man*. William Collins Sons.)

Guillaume, P.　1926　*L'imitation chez l'enfant.* (Trs.by Halperin, E.P. *Imitation in children*. 1971 The University of Chicago Press.)

秦野悦子　1983　指差し行動の発達的意義　教育心理学研究, **31**, (3), 255–264.

板倉昭二　1996　まなざしを共有することの意味　正高信男（編）　別冊発達19号　赤ちゃんウォッチングのすすめ——乳幼児研究の現在と未来　ミネルヴァ書房　Pp.51–60.

伊藤　昭　2000　コミュニケーションは心——「心の理論」と他者理解のモデル　岡田美智男・三嶋博之・佐々木正人（編）　身体性とコンピュータ　bit 2000年8月号別冊　共立出版

川井　尚・金子　保・二木　武　1980　写真で見る——乳幼児の行動　医歯薬出版株式会社

熊倉徹雄　1983　鏡の中の自己　海鳴社

Lock, A., Young, A., Service, V., & Chandler, P.　1990　Some observations on the origins of the pointing gestures. In Voltera, V., & Erting, C. J.

From gesture to language in hearing and deaf children. Spring-Verlag. Pp.42–55.
正高信男 1994 サルは言葉をしゃべっているか 日経サイエンス10月号, 18–23.
Masur, E. F. 1983 Gestural development, dual-directional signaling, and the transition to words. *Journal of Psycholinguistic Reserch*, **12**, (2), 93–109.
松沢哲郎 1991 チンパンジー・マインド 岩波書店
ピアジェ P．谷村 覚・浜田寿美男（訳） 1978 知能の誕生 ミネルヴァ書房（Piaget, J. 1936 *La naissance de l'intelligence chez l'enfant*. Delachaux & Niestle.）
Piaget, J. 1945 *La formation du symbole chez l'enfant*. Delachaux et Niestlé.
Scaife, M. & Bruner, J. S. 1975 The capacity for joint attention. *Nature*, **253**, 265–266.
Schaffer, H. R. 1984 *The child's entry into a social world*. Academic Press.
ヴィゴツキー L．S．柴田義松（訳） 1970 精神発達の理論 明治図書
ウエルナー H．＆カプラン B．柿崎祐一（監訳） 1974 シンボルの形成 ミネルヴァ書房（Werner, H. & Kaplan, B. 1963 *Symbol formation*. Wiley.）
山田洋子・中西由里 1983 乳児の指差しの発達 児童青年精神医学とその近接領域, **24**, 239–259.

【3章】

American Psychiatric Association 1994 *Diagnostic and statistical manual of mental disorders*, 4th ed.
麻生 武 1984 他者の空間的視座理解と自我形成――2歳誕生日前後における"自己―他者"の基本構造の成立 日本教育心理学会第26総会発表論文集, Pp.190–191.
麻生 武 1985 自己意識の成長 児童心理学の進歩 金子書房 Vol.24, 163–187.
麻生 武 1987 行為の共同化から対象の共同化へ――生後11～20ヶ月における乳児Nの"人"としての成長 相愛女子短期大学研究論集, **34**, 87–135.
麻生 武 1990 "口"概念の獲得過程――一乳児の食べさせる行動の研究 発達心理学研究, **1**, (1), 20–29.
麻生 武 1992a 身ぶりからことばへ――赤ちゃんにみる私たちの起源 新曜社
麻生 武 1992b すみやかに私が「私」になっていく子どもの事例から 浜田寿美男（編著）「私」というもののなりたち ミネルヴァ書房 Pp.41–56.
麻生 武 1993 自閉症の子どもたちと発達心理学 無藤 隆（編） 別冊発達15号：現代発達心理学入門 ミネルヴァ書房 Pp.136–146.
麻生 武 1996a "ふり"と象徴能力――自閉症を巡る諸問題 正高信男（編）別冊発達19号：赤ちゃんウオッチングのすすめ――乳幼児研究の現代と未来 ミネルヴァ書房 Pp.137–147.
麻生 武 1996b ファンタジーと現実 金子書房

麻生　武　1997　乳幼児期の"ふり"の発達と心の理解　心理学評論,Vol.40, No.1, 41–56.

麻生　武　1998a　模倣から表象へ（H．ワロン，＆J．ピアジェ）　作田啓一・木田　元・亀山佳明・矢野智司　人間学命題集　新曜社　Pp.238–243.

麻生　武　1998b　なぜ大人は子どもと遊ぶのか？──プレイルームのミラクル体験　麻生　武・綿巻　徹（編）　遊びという謎　ミネルヴァ書房　Pp.3–34.

麻生　武・木村真佐子　1985　T君らしさの世界──ある就学前自閉症児のごっこ遊び・言語・自我・象徴能力の分析　京都国際社会福祉センター紀要「発達・療育研究」　Vol.1, 25–79.

チュコフスキー　K．樹下　節（訳）　1984　チュコせんせいの"ことばと心の育児学"　理想社（『2歳から5歳まで』の抄訳版）

Dunn, J. 1988 *The beginnings of social understanding*. Harvard University Press.

エリコニン　天野幸子・伊集院俊隆（訳）　1989　遊びの心理学　新読書社

ゴールドシュタイン　K．西谷三四郎（訳）　1968　人間──その精神病理学的考察　誠信書房　(Goldstein, K. 1947 *Human nature in the light of psychopathology*. Harvard University Press.)

ヘイズ　C．林　寿郎（訳）　1971　密林からきた養女　法政大学出版局（Hayes,C. 1951 *The ape in our house*.)

Huttenlocher, J. & Higgins, E. T. 1978 Issues in the study of symbolic development. In W. A. Collins (Ed.), *Minnesota symposia on child psychology*, Hillsdale, NJ: Erlbaum. Vol.11, Pp. 98–140.

岩田純一　1994　乳児のメタファー　京都教育大学紀要　Ser. A. No.85, 29–41.

久保田浩　1973　遊びの誕生　誠文堂新光社

Lewis, V. & Boucher, J. 1988 Spontaneous, instructed and elicited play in relativelyable autistic children. *British Journal of Developmental Psychology*, **6**, 325–339.

松沢哲郎　1997　チンパンジー・ゴリラ・オランウータン　発達71号　ミネルヴァ書房　103–111.

Meltzoff, A. N. 1985 Immediate and deffered imitation in fourteen-and twenty-four-month-old infants. *Child Development*, **56**, 62–72.

Meltzoff, A. N. 1988 Infant imitation and memory : Nine-month-olds in immediate and deferred tests. *Child Development*, **59**, 217–225.

Morrison, J. 1995 *DSM-IV made easy : The clinician's guide to diagnosis*. The Guilford Press.

向井雅明　1988　ラカン対ラカン　金剛出版

Osterling, J. & Dawson, G. 1994 Early recognition of children with autism: A study of first birthday home videotapes. *Journal of Autism and Developmental Disorder*, **34**, (3), 247–257.

パターソン　F．＆リンデン　E．都守淳夫（訳）　1984　ココ，お話しよう　どうぶつ社（Patterson, F. & Linden, E. 1981 *The education of Koko*. Holt, Rinehart & Winston.)

Piaget, J. 1945 *La formation du symbole chez l'enfant.* Delachaux et Niestlé.
鈴木情一 1992 2歳児の比喩の再命名に関する日誌法的研究──「基盤」の分析を中心に 上越教育大学研究紀要 Vol.11, No.2, 71–85.
ヴィゴツキー L.S. 神谷英司（訳） 1989 子どもの心理発達における遊びとその役割 神谷英司（訳） ごっこ遊びの世界 法政大学出版局 Pp.2–34.
Wallon, H. 1942 *De l'acte à la pensée.* Flammarion.
Winner, E. 1979 New name for old thing : The emergence of metaphoric language. *Journal of Child Language,* **6**, 469–491.

【4章】

American Psychiatric Association 1994 *Diagnostic and statistical manual of mental disorders,* 4th ed.
麻生 武 1980 子供の他者理解──新しい視点から 心理学評論 **23**, 2, 135–162.
麻生 武 1984 ある健常児における自他の基本構造の成立 発達20号 ミネルヴァ書房 103–108.
麻生 武 1987 行為の共同化から対象の共同化へ──生後11～20ヶ月における乳児Nの"人"としての成長 相愛女子短期大学研究論集, **34**, 87–135.
麻生 武 1993 自閉症の子どもたちと発達心理学 無藤 隆（編） 別冊発達15号：現代発達心理学入門 ミネルヴァ書房 Pp.136–146.
麻生 武 1996 子どもと夢 岩波書店
麻生 武・伊藤典子 2000 1歳と2歳──他者の意図に従う力・逆らう力 岡本夏木・麻生 武（編） 年齢の心理学 ミネルヴァ書房 Pp.63–101.
Baron-Cohen, S., Leslie, A. M., & Frith, U. 1985 Does the autistic child have a "theory of mind"?. *Cognition,* **21**, 37–46.
Baron-Cohen, S., Tager-Flusberg, H., & Cohen, D. J. (Eds.) 1993 *Understanding other minds: Perspectives from autism.* Oxford University Press.
Bartsch, K. & Wellman, H. M. 1995 *Children talk about the mind.* Oxford University Press. New York.
Chandler, M. J. & Carpendale, J. I. M. 1998 Inching toward a mature theory of mind. In M. Ferrari, & R. J. Sternberg (Eds.), *Self-awareness: Its nature and developpment.* The Guilford Press, New York, London. Pp.148–189.
Charlesworth, W. R. & Kreutzer, M. A. 1973 Facial expressions of infants and children. In P. Ekman (Ed.), *Darwin and facial expression.* Academic Press. Pp.91–168.
Dunn, J. 1988 *The biginnings of social understanding.* Harvard University Press.
福島 章 2000 子どもの脳が危ない PHP新書
Griffith, E. M., Pennington, B. F., Wehner, E. A., & Rogers, S. J. 1999

Eecutive functions in young children with autism. *Child Development*, **70** (4), 817–832.
ヘイズ C．林 寿郎（訳） 1971 密林からきた養女 法政大学出版局 (Hayes, C. 1951 *The ape in our house.*)
Happé, F. G. E. 1993 Communicative competence and theory of mind in autism: A test of relevance theory. *Cognition*, **48**, 101–119.
Happé, F. & Frith, U. 1996 Theory of mind and social impairment in children with conduct disorder. *British Journal of Developmental Psychology*, **14**, 385–398.
Hayes, K. J. & Hayes, C. 1952 Imitation in a home-raised chimpanzee. *Journal of Comparatical and Physiological Psychology*, **45**, 450–459.
伊藤典子・麻生 武 1997 1歳と2歳——他者の意図を知り悩む年頃 発達70号 ミネルヴァ書房 6–12．
柿沼美紀・紺野道子 1999 心の理論課題の臨床への応用（1） 白百合女子大学発達臨床センター紀要, **2**, 13–21.
Kaler, S. R. & Kopp, C. B. 1990 Compliance and coprehension in very young toddlers. *Child Developmennt*, **61**, 1997–2003.
久保田正人 1993 2歳半という年齢 新曜社
熊谷高幸 1993 自閉症からのメッセージ 講談社
Meltzoff, A. N. 1995 Understanding the intentions of others: Re-enactment of intended acts by 18-months-old cildren. *Developmental Psychology*, **31**, (5), 838–850.
南 博（監訳） 星野 命（訳） 1976 図説・現代心理学1：パーソナリティ 講談社（*Psychologycal today: Introduction*：3rd ed. 1975 Randam House.)
森永良子（監修） 2001 心の理論課題発達検査（TOM）——幼児・児童社会認知スクリーニングテスト——発達記録ソート（試作品） 文教資料協会
村田孝次 1968 幼児の言語発達 培風館
Rogers, S. J. & Pennington, B. F. 1991 A theoretical approach to the deficits in infantile autism. *Development and Psychopathology*, **3**, 137–162.
Premack, D. & Woodruff, G. 1978 Does the chimpanzee have a theory of mind? *The Behavioral and Brain Science*, **4**, 515–526.
Repacholi, B. M. & Gopnik, A. 1997 Early reasoning about desires: Evidences from 14-and 18-month-olds. *Developmental psychology*, **33**, (1), 12–21.
Russell, J., Jarrold, C.,& Hood, B. 1999 Two intact executive capacities in childre with autism: Implications for the core executive dysfunctions in the disorder. *Journal ofautism and Developmental Disorders*, **29** (2), 103–112.
荘子（著） 金谷 治（訳注） 1975 荘子：第二冊（外篇） 岩波文庫
田中昌人・田中杉恵 1982 子どもの発達と診断2 乳児期後半 大月書店
Wellman, H. M. 1993 Early understanding of mind: The normal case. In S. Baron-Cohen, H. Tager-Flusberg, & D. J. Cohen（Eds.）, *Understanding*

other minds: Perspectives from autism. Oxford University Press. Pp.3–39.
ウイング，L.　久保田紘章・佐々木正美・清水康夫（監訳）　1998　自閉症スペクトル（Wing, L.　1996　*The autistic spectrum : A guide for parents and professionals.*　Constable and Company Limited.）
ウィトゲンシュタイン　藤本隆志（訳）　1976　哲学探求　大修館書店（Wittgenstein, L.　1953　*Philosophische Untersuchungen.*　Basil Blackwell.）
山田洋子　1982　0～2歳における要求――拒否と自己の発達　教育心理学研究, **30**, 128–138.

【5章】

麻生　武　1889　想像の遊び友達――その多様性と現実性　相愛女子短期大学研究論集　**36**, Pp.3–32.
麻生　武　1991　内なる他者との対話　無藤　隆（編）　ことばが誕生するとき　第一章　新曜社　Pp.39–91.
麻生　武　1996　ファンタジーと現実　金子書房
麻生　武　1997a　乳幼児期の"ふり"の発達と心の理解　心理学評論　**40**,（1）, 41–56.
麻生　武　1997b　心の発達とファンタジーの世界②――ドラえもんをどうやって捕まえるのか？　児童心理11月号　金子書房　118–126.
麻生　武・塚本靖子　1997　就学前の子どもたちの夢理解――夢の中でまんじゅうをたらふく食べれば目覚めたとき満腹だろうか？　奈良女子大学文学部「研究年報」第41号　111–129.
Applebee, A. N.　1978　*The child's concept of story.*　The University of Chicago Press. Chicago and London.
Astington, J. W.　1990　Narative and the child's theory of mind.　In B. K. Britton, & A. D. Pellegrini（Eds.）, *Narrative thought and narrative language.*　Lawrence Erlbaum Associates Publishers, Hillsdale, New Jersey.
ブルナー　J.　田中一彦（訳）　1998　可能世界の心理　みすず書房（Bruner, J.　1986　*Actual, minds, possible worlds.*　Harvard University Press.）
Bruner, J.　1990　*Acts of meaning.*　Harvard University Press.
Harris, P.　1991　The work of the imagination.　In A. Whiten（Ed.）, *Natural theories of mind: Evolution, development and simulation of everyday mindreading.*　Oxford:Basil Blackwell.　Pp.283–304.
Harris, P. L., Brown, E., Marriott, C., Whittall, S., & Harmer, S.　1991　Monsters, ghosts and witches: Testing the limits of the fantasy-reality distinction in young children.　*British Journal of Developmental Psychology,* **9**, 105–123.
池谷隆子　1998　「この箱の中に鬼はいる？」――幼児における想像と現実　京都国際社会福祉センター紀要　発達・療育研究　**14**, 41–53.
加用文男　1990　子ども心と秋の空――保育の中の遊び論　ひとなる書房
加用文男・新名加苗・河田有世・村尾静香・牧ルミ子　1996　ごっこにおける言語行為の発達的分析――方言と共通語の使い分けに着眼して　心

理科学　第18巻　第2号　38-59.
北岡誠司　1998　バフチン――対話とカーニヴァル　講談社
森加代子　1994a　幼児にとっての「大人になる」という現実　奈良女子大学大学院人間文化研究科「人間文化研究科年報」，**10**, 31-38.
森加代子　1994b　大人になったらなにになりたい？　発達60号　Vol.15, ミネルヴァ書房　40-46.
無藤　隆・小林紀子・海老澤由美　2000　4歳と5歳――身体の関係と経験から　年齢の心理学　Pp.177-213.
Nelson, K. 1992 Emergence of autobiographical memory at age 4. *Human Development,* **35**, 172-177.
Nelson, K. 1996 *Language in cognitive development.* Cambridge University Press.
Partington, J. E. & Grant, C. 1984 Imaginary playmates and other useful fantasies. In P. Smith (Ed.), *Play in animals and humans.* Basil Blackwell. Pp.217-240.
Perner, J. 1992 Grasping in the concept of representation: Its impact on 4-year olds' theory of mind and beyond. *Human Development,* **35**, 146-155.
Sawyer, R. K. 1997 *Pretend play as improvisation: Conversation in the preschool classroom.* Lawrence Erlbaum Associates, Publishers Mahwal, New Jersey.
Sheldon, A. 1992 Conflict talk: Sociolinguistic challenges to self-assertion and how young girls meet them. *Merrill-Palmer Quarterly,* **38**, (1), 95-117.
杉村智子・原　朋子・吉本　史・北川宇子　1994　日常的な想像物に対する幼児の認識：サンタクロースは本当にいるのか？　発達心理学研究　**5** (2), 145-153.
Svendsen, M. 1934 Children's imaginary companions. *Archieves of Neuology and Psychiatry,* **32**, 985-999.
高松みどり・麻生　武・礪波朋子　2000　就学前児のふり理解の発達――友達はこのカスタネットがミカンって分かってくれるかな？　日本発達心理学会第11回大会発表論文集　182.
Taylor, M. & Carlson, S. M. 1997 The relation between individual differences in fantasy and theory of mind. *Child Development,* **68** (3), 436-455.
富田昌平　2001　幼児の共同ふり遊び場面におけるメタコミュニケーション　幼年教育研究年報第23巻　35-2.
礪波朋子・三好　史・麻生　武　印刷中　幼児同士の共同意思決定場面における対話の構造　発達心理学研究
上原　泉　1998　再認が可能になる時期とエピソード報告開始時期の関係――縦断的調査による事例報告　教育心理学研究　第46巻　第3号　271-279.
Uehara, I. 2000 Differences in episodic memory between four-and five-year-olds: False information versus real experiences. *Psychological Reports,*

86, 745–755.

和田香誉・大塚峰子・佐藤至子　1990　想像上の仲間についての研究　埼玉県立衛生短大紀要　第15号　Pp.93–99.

人名索引

ア 行
青木愛子　9
麻生　武　31, 41, 79, 86, 88, 93, 108, 116, 124, 133, 134, 144, 154, 158, 159, 161, 168
アスティントン（Astington, J. W.）　169
アップルビー（Applebee, A. N.）　168

池谷隆子　164
板倉昭二　42
伊藤　昭　47
伊藤典子　124
岩田純一　103

ヴィゴツキー（Vygotsky, L.）　107
ウィトゲンシュタイン（Wittgenstein, L.）　130
ウイナー（Winner, E.）　100
ウイング（Wing, L.）　144
上原　泉　170
ウェルマン（Wellman, H. M.）　138, 141
ウッドラフ（Woodruff, G.）　118

エリコニン（Эликонин, Д. Б.）　109

オスターリング（Osterling, J.）　84

カ 行
カーペンデール（Carpendale, J. I. M.）　122
カールソン（Carlson, S. M.）　160
柿沼美紀　148
金谷　治　135
加用文男　172, 173

北岡誠司　182
木村真佐子　93

グドール（Goodall, J.）　44
久保田浩　107
久保田正人　129
熊谷高幸　144
グラント（Grant, C.）　158
グリフィス（Griffith, E. M.）　144
クロイツァー（Kreutzer, M. A.）　134
グローバー（Grover, L.）　44

ケーラー（Kaler, S. R.）　112

ゴールドシュタイン（Goldstein, K.）　80
コップ（Kopp, C. B.）　112
ゴプニック（Gopnik, A.）　136
ゴリンコフ（Golinkoff, R. M.）　32
紺野道子　148

サ 行
サリー（Sully）　97

シェルドン（Sheldon, A.）　182
ジャヴァート　131

スカイフェ（Scaife, M.）　45
杉村智子　160
鈴木情一　102
スベンセン（Svendsen, M.）　156

荘子　135
ソーヤー（Sawyer, R. K.）　177

タ 行
ターンブル（Tumbull, C. M.）　10
高松みどり　179, 180
田中杉恵　115
田中昌人　115
ダン（Dunn, J.）　97, 98, 102, 108, 114

チャールズワース（Charlesworth, W. R.）134
チャンドラー（Chandler, M. J.）122
チュコフスキー（Уuковский, К.И.）98

都守淳夫　95

テイラー（Taylor, M.）160
デ・マーウロ（De Mauro, T.）130

ドーソン（Dawson, G.）84
富田昌平　176
トレヴァーセン（Trevarthen, C.）29

ナ　行
西田利貞　11

ネルソン（Nelson, K.）168, 170

ハ　行
バーシュ（Bartsch, K.）138
ハーディング（Harding, C. G.）32
パーティントン（Partington, J. E.）158
バーテンタール（Bertenthal, B. I.）106
パーナー（Perner, J.）172
ハウエル（Howell, S.）10
パターソン（Patterson, F.）95
バターワース（Butterworth, G.）44
ハッテンロッチャー（Huttenlocher, J.）90
ハッペ（Happè, F.）145～147
バフチン（Бахтин, М. М.）182
原ひろ子　13
ハリス（Harris, P. L.）154, 160
バロン・コーエン（Baron-Cohen, S.）142, 144
ハンディー　131
ハンフリー（Humphrey, N.）18

ピアジェ（Piaget, J.）34, 35, 88, 108
ヒギンズ（Higgins, E. T.）90

藤田真一　7
フリス（Frith, U.）146
ブッチャー（Boucher, J.）84
ブルーナー（Bruner, J. S.）45, 168, 169
プレマック（Premack, D.）118

ヘイズ（Hayes, C.）83, 117
ヘイズ（Hayes, K. J.）117
ペニントン（Pennington, B. F.）144

ポルトマン（Portmann, A.）2

マ　行
正高信男　13～15, 42
松沢哲郎　95

無藤　隆　187
村田孝次　132

メルツォフ（Meltzoff, A. N.）89, 91, 120

森加代子　151
モリソン（Morrison, J.）85
森永良子　148
モンターギュ（Montagu, A.）4

ヤ　行
山田洋子　116

ラ　行
ラカン（Lacan, J.）99
ラッセル（Russell, J.）144

リパチョリ（Repacholi, B. M.）136

ルイス（Lewis, V.）84
礪波朋子　184

ロジャーズ（Rogers, S. J.）144

ワ 行

我妻 洋　13

和田香誉　155

ワロン（Wallon, H.）　88

事項索引

ア　行
アイ・コンタクト　22, 26
愛着　30
アイマラ族　14
アイロニー課題　145
足場（scaffolding）　154
アスペルガー症候群　144
新しい苦痛表出行動（new pain-behaviour）　134
新しい認識世界　60
アルツハイマー病　60
「アンとサリー」課題　148
アンパンマン　160

威嚇　22
怒り　114
育児スタイル　14
育児文化　10
育児法　14
育児本能　18
いざこざ　184
意識化　88
意識の情景　169
〈痛み〉という概念　132
痛み表象　130
偽り名前　94
遺伝子　30
意図　24, 32, 118
意図調整　127
意図的な発生　32
意図的発生　34
意図理解　116, 122
意味　16
意味づける　16
イメージ　86
因果性　34, 37

ヴィキィ　82

嘘　148

エジコ　12
エピソード記憶　170
エピソード報告　170
絵本　40
延滞模倣　88

おばけ　160
玩具課題　65
親子交渉　114
親の禁止　114
オランウータン　26
音声言語　32

カ　行
解釈　16
解釈活動　18, 56
回想　158
外発言　172
外発話　172
会話様のやりとり　28
鏡　60, 62
鏡の自己像　60, 106
学習意欲　4
学習障害（LD）　144
学習能力　6
仮想現実　154
カテゴリー的に理解　80
身体　68
感覚運動知能　72
感覚運動的段階　34
感覚運動的発達段階　37
関係存在としての自己（interpersonal self）　64
願望（desire）　138
願望・信念心理学（desire-belief psychology）　140

願望心理学(desire psychology)　140

幾何学的メカニズム　46
記号　88, 92
記号化過程　92, 94
記号行為としての「ふり」　90
気分　128
共感　48
共感を求める叙述的な指差し　84
共通語　172
共通世界　48
共通体験　48
共同意志決定　184
共同化された行為　68
共同化された対象　48
共同化された対象世界　50, 60, 74
共同注視　40, 42, 44, 84
共同注視の対象　48
共同的「ふり」遊び　108

クー・コール　42
空想の散歩　152
口　78
「口」概念　78
口紅課題　65
苦痛測定法　131

計算　26
形象的側面　86
結果の模倣　70
喧嘩　182
言語化過程　94
言語獲得期　100
言語ゲーム　130
言語障害　30
言語理解　112
顕在的なメタ・プラグマティックス　177
顕在的メタ・コミュニケーション　178
現実発話　174
現実モード　176

行為主体（agent）　68
行為障害　146
行為の共同化　68, 69
行為の情景　169
好奇心　4
高機能の自閉症　94, 148
攻撃性　148
交渉的社会性　146
高等哺乳類　2, 10
声　32
心の理論　118, 138, 146, 160, 169
「心の理論」の障害　144
誤信念　142
誤信念課題　142
ごっこ遊び　82, 172
ごっこの気分　173
孤独　182
子どもの従順さ　114
子どもの霊魂　12
好み　138
コミュニカティヴな機能　58
コミュニケーション　144
コミュニケーション・ゲーム　130
コミュニケーション行為　66
コミュニケーション障害　40
コミュニケーションについてのコミュニケーション　24
コミュニケーションの基本構造　24
子やらい　12
混合発話　174

サ　行

サラ　118
サンタクロース　160

恣意性　92
シーン間変容　184
シーン内変容　186
ジェンダーに関する圧力　184
自己　24, 70, 106
思考（thought）　140

Topic 精神間機能から精神内機能へ

ヴィゴツキー（Vygotsky, L. S. 1896-1934）は、ピアジェ（Piaget, J. 1896-1980）とならんで20世紀のもっともすぐれた発達心理学者の1人である。若くして亡くなったが今日でもその思想はまださまざまな影響を及ぼしている。ヴィゴツキー（柴田訳，1970）は文化的発達の一般的発生的法則を次のように述べている。

図2-9 ロシアの天才心理学者ヴィゴツキー

「子どもの文化的発達におけるすべての機能は、二度、二つの局面に登場する。最初は、社会的局面であり、後に心理学的局面に、すなわち、最初は、精神間的カテゴリーとして人々のあいだに、後に精神内的カテゴリーとして子どもの内部に、登場する。このことは、有意的注意にも、論理的記憶にも、概念形成にも、意思の発達にも、同じようにあてはまる」(p.212)

「指示身ぶりは、最初は他人に理解されることを運動によって指示し始め、後になってのみ子ども自身にとっても指示となるのである。このようにして、われわれは他人を通してのみ自分自身となるのであり、そのことは人格全体に対してだけではなく、すべての個々の機能の歴史にもあてはまると言うことができよう」(p.211)

「ピアジェとちがってわれわれは、発達は社会化の方向に進むのではなく、社会的関係が精神機能へ転化する方向にすすむものだと考える」(p.214)

手を伸ばすことが，それを見ている母親の目に，その対象を指し示している身振りであるかのように映り，そのように母親に解釈され応答してもらえることを通じて，子どもは自分の仕草のコミュニケーション機能に気づいていくのだという。つまりヴィゴツキーは，指差しは，そのような母の解釈活動を媒介にして発生すると考えた。このようなヴィゴツキーの考え方は基本的には正しいといえるだろう。

　だが，彼の考えには一つ不十分な点がある。それは，最初の前提として乳児が手の届かない対象に対して手を伸ばすものと考えたことである。生後1年目前半の乳児といえども，対象までの距離をかなり正確に見積ることができる。よって，乳児は，手の届かない遠い対象に手が届くと勘違いして手を伸ばしたりはしない。彼らがもし届かない対象に手を伸ばしたとすれば，それは彼らがすでに人に包囲された人間的環境に生きているからである。大人に抱かれてもいない子どもが，一人で手の届かない対象に手を伸ばしたりすることは，まずほとんどあり得ないことである。子どもが手の届かない対象に手を伸ばすようになるのは，実はそれ自体，親子の相互作用の一つの結果なのである。

　子どもが，最初に手の届かない対象に手を伸ばすのは，次の2つの状況である（図2-10）。1つは，子ども自身が他者に抱かれている状況である。もう1つは，ターゲットになる対象が他者の手につかまれているときである。いずれの場合も，子どもは「自分と対象とを隔てている距離」を他者が縮めてくれる力をもっていることを認識しているからこそ，手の届かない対象に手を伸ばすのである。

　私の息子は，生後9カ月12日，2mほどの距離から私が名を呼

思考過程　152
自己と他者　24
自己と他者との基本構造の成立　108
自己認識　63, 106
自己認知　65
自己の意図　126
自己の体験　152
自己変容　186
指示に従う傾向　112
自称詞　106
姿勢情動的な認識　24
自他の意図調整　126
失語症　80
実体視　166
私的感覚　134
自伝的記憶　170
児童期　188
シニフィアン　99
自分の内側との対話　186
自閉症　30, 40, 82, 142, 146
自閉症スペクトル　144
自閉性障害　82
シミュレーション　154
シミュレーション能力　154
社会的相互交渉　144
従順さ　112
主体性（agency）　66
冗談　148
象徴化過程　90, 92
象徴行為としての「ふり」　84
象徴能力　94, 96, 98, 102, 152, 154
情緒的なトーン　128
ショーイング　74
ジョーク　94, 96
触覚的探索課題　65
所有物　106
進化　30
新生児　2
新生児期　4
身体図式　70
身体部位の名称　70

心的用語　138
シンデレラ　168
信念（belief）　140
信念・願望心理学（belief-desire psychology）　142
真の対話　188
新版K式検査　122
神仏の力　12
シンボル体　90, 92
心理学者　128

スウォドリング　14
スーパー・ヒューマンビーング（超人間）　12
スクリーニングテスト　148
巣立つもの　2
スマイル　28, 30, 64
相撲　62

静観対象　52
生態学的メカニズム　44
生得論　122
青年期　188
「接触型」の指差し　50
セリフ　172
潜在的なメタ・プラグマティックス　177
潜在的メタ・コミュニケーション　178
前頭前野　26
前頭前野の実行機能　144

想起　88
相互模倣的やりとり　70
早産　112
草食動物　20
想像遊び　82
想像上の仲間　155, 156
想像的な遊び　84
想像の遊び友達　159
想像の世界　152
想像物　162, 166
想像力　4, 146, 152

素朴心理学　122, 140

タ　行

第1次間主観性　30
第1次誤信念課題　145
胎児　10
胎児期　2
対峙する　64
対象世界の共同化　50
対人的対処スキル　146
第2次誤信念課題　145
対話的な存在　186
ダウン症児　142
他者　24, 64, 70, 106
他者迎合型変容　186
他者の「ふり」　94
他者の意図　116, 120, 122, 124, 126
他者の声　186
他者の心　128
他者のふり　134
他者の身になる　130
他者背反型変容　186
ダブルボイス　182
ダブルボイスの発生過程　184
ダブルボイス発話　184
タワー課題　124

知覚過程　152
知覚的類似性　70
知的障害　146
注意欠陥他動性障害（ADHD）　144
チューオング族　10
抽象的カテゴリー的　80
抽象的カテゴリー的な態度　80
超人間（スーパー・ヒューマンビーング）　12
直喩　104
直立姿勢　4
チンパンジー　2, 10, 26, 42, 50, 82, 118
チンパンジーの自己認知　62

手遊び　70
手差し　58
手の届かない対象　56
テレビ　168

道具　78
道具の使用　70
同型性　68
同型的な存在　70, 74, 104
動作的表象としての「ふり」　80, 82
動作による表象　80
独特のリアリズム　86

ナ　行

内的な表象　168
仲間関係　18, 26, 82
名前　92
名前課題　65
ナラティヴな思考　168

偽のネーミング遊び　96
ニホンザル　42
人形　80, 94
人間的環境　56
妊産婦　6
妊娠　14

ネーミング　74
ネオテニー（幼形成熟）　2
ネオテニー的特徴　4

脳　4, 18
脳損傷者　81
脳容量　2

ハ　行

把握反射　8
墓　12
裸の王様　169
裸のサル　8

発達障害　70
発話内行為的（illocutinary）　34
発話媒介行為的（perlocutionary）　34
母の胎内　10
繁殖戦略　14

肥大化した脳　18
ヒトの特徴　46
秘密　158
拍子木課題　124
表象　88, 92
表象的な知能　72
表象的メカニズム　46

ファンタジー能力　160
フィクション　168
不合理変容　186
フラストレーション　32
ふり　80, 84, 104
ふりモード　176
プレスピーチ　30
プログラミング　8
「分離型」の指差し　50

方言　172
帽子課題　65
捕食者　20
哺乳類　2
ボリビアの先住民　14
本能　8

マ 行

まね　104
ままごと　86

未熟児　18
未熟な赤ん坊　18
未成熟　4
「見つめられる」緊張感　64
身ぶり　46, 48, 56
身ぶりことば　80

ムプティの人たち　10

目が合う　18, 22
メタ的なコミュニケーション機能　176
メタファー　94, 100
メタファー課題　145
メタ・メッセージ的　176
目を合わせる　20

物語　168
物語理解能力　168
物語る　154
物の殺害　99
模倣　72, 84, 116
模倣行動　72
モンスター　162

ヤ 行

役割交換　70
役割の交換可能性　70

ユーモア　4
豊かな解釈　16
指差し　40, 52, 58, 74
夢　180
夢の共同性　181
夢の公共性　181
夢の世界　182

要求行動　31
幼形成熟（ネオテニー）　2
幼児健忘症　158
幼児語　10
読み書き能力　146

ラ 行

離乳　14
療育的援助　70
（両眼）視差　20
類人猿　2

事項索引　205

レスリング　62

ワ　行

枠発言　172
枠発話　172
私（わたくし）　158
「われ」と「なんじ」　32, 66

記　号

1歳の誕生パーティ　84
2進法通信システム　26
14歳の少年A　146
DSM-Ⅳ　82

著者略歴

麻生 武
(あさお たけし)

1972年 京都大学理学部卒業(主として数学を修める)
1974年 京都大学教育学部卒業(心理学専攻)
1982年 大阪市立大学大学院文学研究科博士課程
　　　 (心理学)単位取得満期退学
現　在 奈良女子大学大学院人間文化研究科教授
　　　 博士(文学)

主要編著書
『身ぶりからことばへ』(1992,新曜社)
『ファンタジーと現実』(1996,金子書房)
『子どもと夢』(1996,岩波書店)
『年齢の心理学』(共編著)(2000,ミネルヴァ書房)

コンパクト新心理学ライブラリ　8

乳幼児の心理
―― コミュニケーションと自我の発達 ――

2002年6月10日© 　　　　　 初 版 発 行
2004年1月10日　 　　　　　 初版第2刷発行

著　者　麻　生　　武　　　発行者　森平勇三
　　　　　　　　　　　　　印刷者　山岡景仁
　　　　　　　　　　　　　製本者　関川　弘

発行所　**株式会社 サイエンス社**
〒151-0051　東京都渋谷区千駄ヶ谷1丁目3番25号
営業 ☎ (03) 5474-8500(代)　振替 00170-7-2387
編集 ☎ (03) 5474-8700(代)
FAX ☎ (03) 5474-8900

印刷　三美印刷　　製本　関川製本所
《検印省略》

本書の内容を無断で複写複製することは、著作者および
出版者の権利を侵害することがありますので、その場合
にはあらかじめ小社あて許諾をお求め下さい。

ISBN4-7819-1011-4
PRINTED IN JAPAN

サイエンス社のホームページのご案内
http://www.saiensu.co.jp
ご意見・ご要望は
jinbun@saiensu.co.jp　まで

コンパクト新心理学ライブラリ 既刊より

1. 心理学――心のはたらきを知る
　梅本堯夫・大山正・岡本浩一共著　　四六判／192頁　1350円

2. 学習の心理――行動のメカニズムを探る
　実森正子・中島定彦共著　　　　　四六判／216頁　1500円

5. 性格の心理――ビッグファイブと臨床からみたパーソナリティ
　丹野義彦著　　　　　　　　　　　四六判／264頁　1800円

7. 教育心理学――「生きる力」を身につけるために
　多鹿秀継著　　　　　　　　　　　四六判／184頁　1500円

8. 乳幼児の心理――コミュニケーションと自我の発達
　麻生　武著　　　　　　　　　　　四六判／216頁　1500円

10. 青年の心理――ゆれ動く時代を生きる
　遠藤由美著　　　　　　　　　　　四六判／176頁　1500円

　　　　　　　　　　　　　　＊表示価格はすべて税抜きです。

―――――― サイエンス社 ――――――